Best tips ever!

LOCAL

ANNEBETH VIS

STADT

BARCELONA

BERUF

ONLINE- UND OFFLINE-STADTFÜHRERIN

Annebeth lebt in Barcelona. Sie ist Journalistin und Historikerin und neugierig auf alles: Orte in der Stadt, aber vor allem auf die Menschen. An den Wochenenden geht sie gerne mit Freunden essen, am liebsten in einer Gastrobar auf einer ruhigen Dachterrasse. Ihr Lieblingsort: der grüne Montjuïc mit Aussicht auf Stadt und Meer.

PRAKTISCHE INFOS

Mit den sechs Routen aus diesem Guide kannst du Barcelona zu Fuß entdecken. Die Touren führen entlang von Museen und Sehenswürdigkeiten und zeigen dir dabei vor allem, wo du gut essen und trinken, shoppen, das Leben genießen und schöne Dinge erleben kannst. Die Übersichtskarte vorne im Buch zeigt dir, durch welche Stadtteile die Routen verlaufen.

Jede Route ist klar und verständlich auf einem detaillierten Stadtplan eingezeichnet, welcher sich jeweils am Beginn des Kapitels befindet. Die Adressen sind ebenfalls darauf markiert. An der Farbe der Punkte erkennst du, um was für eine Adresse es sich handelt (sieh dir dazu die Legende unten auf dieser Seite an). Zudem werden sämtliche Adressen in den Kapiteln ausgiebig beschrieben. Ohne einen längeren Aufenthalt an den genannten Adressen dauert eine Route maximal drei Stunden. Die Länge ist jeweils über der betreffenden Routenbeschreibung in Kilometern angegeben.

PREISE

Um dir eine Vorstellung von den Preisen in den Restaurants zu vermitteln, gibt es zu jeder Adresse einen Preishinweis. Wenn nicht anders angegeben, handelt es sich dabei um die durchschnittlichen Kosten für ein Hauptgericht. Bei den Eintrittspreisen der Sehenswürdigkeiten sind es die regulären Tarife.

DER SPANISCHE RHYTHMUS

Der spanische Lebensrhythmus weicht ein wenig ab von dem, was wir in Mitteleuropa gewöhnt sind. Die Mahlzeiten werden zu anderen Zeiten eingenommen, und auch die Ladenöffnungszeiten unterscheiden sich. Die Geschäfte sind

LEGENDE

- >> SEHENSWÜRDIGKEITEN
- >> ESSEN & TRINKEN
- >> SHOPPEN
- >> FREIZEITTIPPS

B8
LIBROS
Y
ARTE

Feel good
& enjoy

von 10.00 bis 14.00 Uhr und von 17.00 bis circa 20.30 Uhr geöffnet. Eine Ausnahme sind die Läden entlang kommerzieller Einkaufsstraßen sowie in touristischen Gebieten. Diese haben den ganzen Tag durchgehend geöffnet.

Von 13.00 bis 16.00 Uhr wird hier ausgiebig gegessen. Das Mittagessen ist in Spanien die wichtigste Mahlzeit. Fast überall werden mittags sehr günstige Drei-Gänge-Menüs angeboten. Wer sich an den spanischen Rhythmus anpasst, spart also bares Geld. Abends öffnen die Restaurants ihre Pforten erst um 21.00 Uhr. Die Küche schließt gegen Mitternacht, wobei die Gäste meist so lange sitzen bleiben dürfen, wie sie wollen. Am Wochenende kann es vorkommen, dass bis 2.00 oder 3.00 Uhr noch ziemlicher Trubel herrscht. Es lohnt sich, vorher einen Tisch zu reservieren, insbesondere an den Wochenenden. Das Essen ist für die Spanier ein wichtiger Teil des Lebens, und sie nehmen sich Zeit dafür. Es gibt in Barcelona gefühlt Myriaden von Restaurants, von denen in diesem Buch natürlich nur eine Auswahl aufgeführt ist. Selbstredend gehört es zu einem Barcelona-Trip auch unbedingt dazu, Tapas zu essen, die es hier in einer enormen Bandbreite gibt: von traditionellen Tapas in authentischen Tavernen bis hin zu hippen Häppchen in Designerrestaurants.

NATIONALE FEIERTAGE

August ist in Spanien der Ferienmonat, zahlreiche Bewohner Barcelonas suchen dann außerhalb der Stadt nach Abkühlung. Das bedeutet, dass einige Geschäfte und Restaurants geschlossen sind. In Barcelona gibt es eine beträchtliche Zahl offizieller Feiertage, an denen die Läden meist geschlossen haben. Neben den beweglichen Feiertagen wie Karfreitag, Ostern und Pfingsten gibt es in der katalanischen Hauptstadt folgende feste Feier- und Gedenktage:

1. Januar > Neujahr
6. Januar > Heilige Drei Könige
23. April > Sant Jordi (Tag des Heiligen Georg)
1. Mai > Tag der Arbeit
24. Juni > Dia da Sant Joan (Johannistag)
15. August > Mariä Himmelfahrt
11. September > Katalanischer Nationalfeiertag
24. September > Festes de la Mercè
12. Oktober > El Pilar (Spanischer Nationalfeiertag)
1. November > Allerheiligen
6. Dezember > Verfassungstag
8. Dezember > Mariä Empfängnis
25. Dezember > Weihnachten
26. Dezember > San Estove (2. Weihnachtsfeiertag)

1. Januar: Año Nuevo (Neujahr). In Barcelona ist die Feuerwerkskultur weniger ausgeprägt als in Deutschland. Für ein glückliches neues Jahr essen die Menschen hier um Mitternacht bei jedem Glockenschlag eine Traube und tragen traditionell rote Unterwäsche.

6. Januar: An Heilige Drei Könige werden in Spanien die Kinder beschenkt, die in der Regel an Weihnachten nur eine Kleinigkeit bekommen. Die Könige Balthasar, Melchior und Kaspar ziehen in festlichem Gewand durch die Straßen und werfen den Familien, die am Straßenrand stehen, Süßigkeiten zu.

23. April: Sant Jordi ist der Tag der Verliebten. Traditionell bekommen die Männer ein Buch geschenkt und die Frauen eine Rose. Sant Jordi ist kein Feiertag.

24. Juni: Am Johannistag feiern die Einwohner Barcelonas den Geburtstag des Schutzheiligen von Katalonien Sant Joan, den längsten Tag und die kürzeste Nacht des Jahres und den Beginn des Sommers. Der Strand ist an Sant Joan der optimale Ort, um das spektakuläre Feuerwerk zu erleben.

11. September: Am 11. September 1714 verlor Katalonien seine Unabhängigkeit und die katalanische Sprache und Kultur wurden verboten. Alljährlich gedenken die Katalanen am Katalanischen Nationalfeiertag den Helden, die während der Kämpfe gefallen sind. Außerdem finden Demonstrationen statt.

24. September: La Mercè ist das Fest der Schutzheiligen der Stadt. Umzüge, Konzerte und viel Folklore bestimmen das Straßenbild. Abends gibt es eine Feuerwerksshow, die Tausende Menschen anlockt.

1. November: An Allerheiligen wird der Toten gedacht. Traditionell begibt sich die Bevölkerung zum Friedhof, um die Gräber der verstorbenen Familienmitglieder zu pflegen und brennende Kerzen aufzustellen. Die Katalanen essen spezielle Kekse, sogenannte *Panellets*, wobei sie mit jedem verzehrten Keks eine Seele in den Himmel schicken.

25. Dezember: Weihnachten beginnt in Barcelona am 24. Dezember mit dem Weihnachtsfestessen. Danach geht die jüngere Generation üblicherweise mit Freunden aus. Der erste Weihnachtstag steht im Zeichen des Familienessens. Einen zweiten Weihnachtstag kennen die Katalanen nicht, allerdings feiern sie an diesem Tag Sant Esteve, den heiligen Stefan.

HAST DU NOCH TIPPS?

Wir haben diesen Reiseführer so sorgfältig wie möglich zusammengestellt. Allerdings ändert sich das Angebot von Geschäften, Restaurants, Cafés und Bars in Barcelona dauernd. Wir bemühen uns ständig, die Routen und Adressdaten auf dem neuesten Stand zu halten und überarbeiten diesen Reiseführer regelmäßig. Falls du eine Adresse dennoch nicht mehr findest oder andere Anmerkungen und Tipps für diesen Guide hast, dann lass es uns wissen. Schreib uns eine E-Mail an lektorat@verlagshaus.de.

VERKEHR

FLUGHAFEN

Vom Flughafen El Prat ist es sehr einfach, in die Stadt zu gelangen. Der **Aerobus-Shuttle** fährt bis zur Plaça Catalunya. Du findest die Bushaltestelle am Ausgang des Terminals. Der Shuttle fährt alle zehn Minunten und bringt dich in ungefähr 30 Minuten ins Zentrum. Die Rückfahrkarte ist 15 Tage lang gültig.

Der **Zug** fährt alle halbe Stunde gegenüber Terminal 2 ab und bringt dich in 25 Minuten zur Haltestelle Passeig de Gràcia. Du kannst auch die **Metro** nehmen: Linie L9 fährt von Terminal 1 und 2 ab, hält jedoch nicht im Zentrum, das heißt, du musst unterwegs in eine andere Linie umsteigen. Achtung: Für die Metro vom und zum Flughafen muss ein Zuschlag bezahlt werden.

Wenn du am Flughafen in Girona ankommst, kannst du von hier aus die Buslinie 602 oder 604 der Verkehrsgesellschaft Sagalés nehmen. Die Fahrt bis zum Estació del Nord (Nordbahnhof) in Barcelona dauert etwa eine Stunde.

SHIRO

Vom Flughafen Reus fährt ein Bus der Verkehrsgesellschaft Hispano Igualadina innerhalb von anderhalb Stunden bis zum Bahnhof Sants in Barcelona. Die Abfahrtszeiten beider Busse sind an die Flüge angepasst.

METRO

Erst einmal angekommen in der Stadt, steht dir ein ausgedehntes Metronetz zur Verfügung. Eine Übersichtskarte davon findest du hinten in diesem Guide. Fahrscheine sind jeweils an Ticketautomaten an den Stationen zu kaufen. Eine Tageskarte kostet 10,50 Euro, aber du kannst auch ein Ticket für acht Fahrten für 10 Euro kaufen, das du mit deinen Mitfahrern teilen kannst. Die Karte gilt auch in Bussen und Bahnen. Du kannst auch ein Ticket für mehrere Tage wählen, Hola BCN, das zwischen 16,30 und 38 € kostet.

BUS

Mit dem **Stadtbus** zu fahren ist zwar komplizierter, doch hat es natürlich den Vorteil, dass man dabei mehr von der Stadt sieht, als wenn man die Metro nimmt. An jeder Haltestelle gibt es einen Haltestellenfahrplan, auf dem du nachsehen kannst, ob ein Bus einer für dich praktischen Route folgt.

TAXI

Taxifahren ist in Barcelona nicht teuer, die schwarz-gelben Wägen findet man überall. An dem grünen Licht auf dem Dach erkennst du, wenn ein Taxi frei ist. Die Grundgebühr beträgt 2,25 €. Die Wochenend- und Abendtarife sind etwas höher; am Wochenende und an Feiertagen berechnet der Fahrer nach Mitternacht einen Aufpreis von 3,10 €. Für eine Fahrt zum Flughafen wird ein Zuschlag von 4,30 € erhoben. Sämtliche Tarife sind auf einem Sticker im Taxi aufgeführt.

Der **Bus Turístic** ist perfekt, um sich innerhalb weniger Stunden einen Eindruck der wichtigsten Sehenswürdigkeiten zu verschaffen. Der oben offene Doppeldecker fährt drei verschiedene Routen, wobei man an jeder Haltestelle beliebig ein- und aussteigen kann. Rechne damit, dass du, ohne auszusteigen, etwa drei Stunden unterwegs sein wirst. Du bekommst das Ticket im Bus oder in der Touristinfo an der Plaça Catalunya (für einen Tag 29 €, für zwei Tage 39 €).

RAD FAHREN

Verglichen mit den meisten anderen spanischen Städten ist Barcelona eine großartige Fahrradstadt. Zwar muss man sich auf manchen Straßen noch durch die vielen Autos durchmanövrieren, doch kommen jedes Jahr zusätzliche Fahrradwege hinzu. Die anderen Verkehrsteilnehmer nehmen erfreulicherweise immer mehr Rücksicht auf die *Ciclistas*. Wenn du dich ein bisschen auskennst, bist du mit dem **Fahrrad** oft sogar etwas schneller als mit den öffentlichen Verkehrsmitteln. Und du siehst dabei mehr von der Stadt, als wenn du nur in der Metro sitzt.

Auch wenn es in Barcelona durchaus Höhenunterschiede gibt, wirst du davon, während du mit dem Rad durch das Zentrum oder am Strand entlangfährst, kaum etwas merken. Geht es in das höher gelegene Viertel Gràcia, ist eine leichtere Gangschaltung allerdings durchaus von Vorteil.

Die rot-weißen Bicing-Räder, die an fast jeder Straßenecke stehen, sind den Einheimischen vorbehalten, es gibt jedoch überall in der Stadt Fahrradverleihe. Dort kannst du dir für wenig Geld ein solides Rad mieten. Außerdem kannst du bei einer der beliebten Fahrradtouren mit deutschsprachigem Guide mitmachen, der dir in nur wenigen Stunden die schönsten Plätze der Stadt zeigt. Möglich ist das unter anderem bei Baja Bikes (www.bajabikes.eu) oder auch bei kleineren Unternehmen wie El Ciclo (www.elciclobcn.com).

Solltest du dich auf eigene Faust auf den Weg machen, bedenke bitte, dass es hier sehr viele Einbahnstraßen gibt und dass das Radfahren auf den Gehwegen nicht erlaubt ist. Einen Helm zu tragen ist zwar keine Pflicht – außer für Minderjährige unter 16 Jahren –, doch kann es angesichts des starken Verkehrs sicherlich nicht schaden. Bei Dunkelheit muss man mit Fahrradbeleuchtung fahren. Achte darauf, dass die Fahrradklingel funktioniert, denn die wirst du im Zentrum immer wieder brauchen, um die Fußgänger zu warnen!

TOP 10 ARCHITEKTUR

1 Besuch Gaudís **Casa Milà** > S. 65

2 Allein die Fassade von **Casa Batlló** ist ein Traum > S. 65

3 Das **Disseny Hub** wird auch der Tacker genannt > S. 102

4 Gaudís **Sagrada Família** bleibt imposant > S. 62

5 Sieh dir das Dach des **Mercat de Santa Caterina** an > S. 50

6 Der **Torre Agbar** steht im technologischen Bezirk > S. 105

7 Der **Palau de la Música** gehört zu den fotogensten Gebäuden Barcelonas > S. 42

8 Entdecke das alte Barcelona in **El Born Centre de Cultura i Memòria** > S. 45

9 Spaziere durch Gaudís Gartenstadt **Park Güell** > S. 122

10 Wirf auf dem **Mercat dels Encants** auch mal einen Blick nach oben > Calle Casillejos 158

TOP 10 RESTAURANTS

1 Iss etwas auf der großen Terrasse der **Bar Calders** > S. 86

2 Spektakuläres Essen gibt es im **Boca Grande** > S. 69

3 Für traditionelle Tapas gehst du ins **Can Codina** > S. 130

4 Bei **Gut** lässt sich gut romantisch dinieren > S. 129

5 Die leckersten Nachos und anderes mexikanisches Streetfood gibt es bei **La Pachuca** > S. 29

6 **El Nacional** ist die Nummer eins in L'Eixample > S. 69

7 **Elsa y Fred** servieren Tapas in modernem Gewand > S. 46

8 Die besten Fischgerichte serviert man im **Els Pescadors** > S. 110

9 Genuss im Sternerestaurant **Disfrutar** > S. 73

10 Elegant tafeln lässt es sich in der von Gaudí entworfenen **Casa Calvet** > S. 69

ROUTE 1

EL GÒTIC

INFOS ZUR ROUTE

Dieser nicht allzu lange Spaziergang führt dich durch prächtige mittelalterliche Gässchen, vorbei an der imposanten Kathedrale in das politische Zentrum Kataloniens. Radfahren ist hier aufgrund der engen Straßen und der zahlreichen Touristen nicht zu empfehlen. Wer sich das schlimmste Gedränge ersparen möchte, macht sich am besten gleich morgens früh oder erst am späteren Nachmittag auf den Weg.

DIE VIERTEL

El Gòtic, das gotische Viertel, ist der älteste Bereich und das touristische Herz Barcelonas. Das Viertel wird an der einen Seite von der berühmtesten Straße Spaniens begrenzt: der pulsierenden, touristischen Rambla. Zögere daher nicht, in die Seitenstraßen einzutauchen. Hier kommt die historische Stadt zum Vorschein, die ihren Höhepunkt zwischen dem 13. und dem 15. Jahrhundert erlebt hat. Jahrhundertealte Bauwerke und Kirchengebäude wechseln einander ab. Früher wurde El Gòtic das Kathedralenviertel genannt. Die mittelalterliche Stadt wurde auf den Resten der römischen Zeit angelegt, die hier und da zu besichtigen sind. Die **Catedral de la Santa Creu i Santa Eulàlia** ist die wichtigste Sehenswürdigkeit.

Im 19. Jahrhundert wurde erneut in das Viertel investiert – Kloster und Friedhöfe mussten nun neuen Bauwerken weichen. Ein Beispiel dafür ist das politische Zentrum der Stadt, die **Plaça de Sant Jaume I**. Das Rathaus von Barcelona steht heute an dem Ort, an dem sich einst die Kirche von Sant Jaume befand. An der gegenüberliegenden Seite befindet sich der katalanische Regierungssitz. Ein weiterer besonderer Platz ist die **Plaça Reial**, vormals Sitz eines Kapuzinerklosters. Die **Plaça de Sant Felip Neri** ist ein weiteres Juwel, das mitten im früheren jüdischen Viertel El Call liegt.

BESCHREIBUNG ROUTE 1 (ca. 4,8 km)

Von der Plaça de Catalunya geht es über den Portal de l'Àngel und nach links in die Carrer de Montsió 1. Biege nun rechts in die Carrer de les Magdalenes. Überquere die Plaça dels Peixos 2 und folge der Carrer dels Capellans bis zur Kathedrale 3 4. Halte dich zuerst links, dann am Museum Diocesà 5 vorbei und folge der Carre dels Comtes 6. An der Baixada de Santa Clara biegst du links ab, um zum MUHBA an der Plaça del Rei 7 und zur Römischen Route 8 zu gelangen. Für handgemachte Kerzen gehst du links in die Carrer de la Llibreteria 9. Spaziere zurück und laufe über die Carrer de la Pietat bis zur Carrer del Bisbe, hier biegst du nach rechts ab. Die zweite Straße links führt zur Plaça de Sant Felip Neri 10 11. Verlasse den Platz über das gegenüberliegende Gässchen und folge rechts der Carrer de Banys Nours, bis du zur Carrer de la Palla 12 gelangst. Jetzt zweimal nach links und sieh bei La Nostra Ciutat 13 rein. Gehe zurück und folge dem weiteren Verlauf der Carrer de la Portaferrissa. Dann links in die Carrer del Petritxol 14 15 16 zur Kirche Santa Maria del Pi 17. Über die Carrer de Cardenal Casañas gelangst du in die Carrer de la Boqueria 18 19. Am Ende geht es nach rechts (Carrer d'Avinyó) für ein Paar schöne Espadrilles 20. Auf der Carrer dels Banys Nous biegst du links ab und findest katalanisches Handwerk 21 und Kleidung 22.Alternativ läufst du direkt weiter bis zur Carrer del Call 23, links in die Carrer de l'Arc de Sant Ramon del Call und wieder nach rechts, bis zu einem gemütlichen kleinen Platz 24 25. Nun erst rechts, dann links und wieder rechts zur Plaça de Sant Jaume 26. Verlasse den Platz über die Carrer de la Ciutat, die in die Carrer del Regomir 27 übergeht bis zur Carrer Ample. Biege rechts ab 28 und gleich wieder links, bis du rechts auf die Carrer de la Mercè triffst. Hier gibt es leckeren gebratenen Fisch 29. Zurückgehen, links in die Carrer de la Mercè einbiegen, dann die erste rechts und anschließend die erste links zur Basilika von La Mercè 30. Rechts abbiegen auf die Carrer d'en Carabassa für mexikanisches Streetfood 31. Spaziere an der Plaça George Orwell vorbei und folge der Carrer dels Escudellers 32 bis zur Carrer Nou de Sant Francesc zu einem Fahrradverleih 33. Anschließend in die erste Straße rechts zur Passatge de la Pau 34. Dort gehst du zunächst nach links, dann rechts in die Carrer de Josep Anselm Clave. Dann rechts die Passatge de la Banca 35, die schließlich zur berühmten La Rambla führt. Dieser folgst du nach rechts, biegst kurz darauf wieder rechts in die Carrer de Colom ab, und landest schließlich auf der Plaça Reial 36 37

SEHENSWÜRDIGKEITEN

④ Die **Catedral de la Santa Creu i Santa Eulàlia** ist die wichtigste Kirche des Erzbistums Barcelona. Als das gotische Kirchengebäude im 19. Jahrhundert endlich fertiggestellt war, konnten sofort die Renovierungsarbeiten beginnen. Die Kathedrale ist nach Santa Eulàlia benannt, der Patronin der Stadt. Sie liegt in der Krypta unter dem Hochaltar begraben. Im Klostergarten hinter dem Bauwerk sind Gänse, die Barcelona beschützen sollen. Es sind dreizehn, weil Santa Eulàlia als Dreizehnjährige gemartert und getötet wurde.

Pla de la Seu 3, Tel. 933428262, www.catedralbcn.org, Mo–Fr 10.30–18.30, Sa 10.30–17.00 Uhr, Eintritt 9 €, Metro L3 Liceu

⑤ Das **Museu Diocesà de Barcelona** beherbergt die Kunstwerke, die im Laufe der Jahrhunderte dem Erzbistum der Stadt geschenkt wurden. Eine umfangreiche Sammlung unterschiedlichster, vornehmlich religiöser Werke, von Gemälden und Skulpturen bis zu Keramiken und Textilien.

Avinguda de la Catedral 4, täglich 10.00–19.00 Uhr, Eintritt 8 €, Metro L3 Liceu

⑥ Das **Museu Frederic Marès** ist nach dem reiselustigen Bildhauer Frederic Marès benannt, der Zeit seines Lebens zahllose Kunstgegenstände sammelte. Er schenkte seine Sammlung der Stadt und wohnte selbst in dem Gebäude, in dem das Museum untergebracht ist. Die Kollektion ist vielfältig und reicht von archäologischen Fundstücken bis zu alltäglichen Gebrauchsgegenständen aus dem 21. Jahrhundert. Die Sammlung ist so groß, dass es fast unmöglich ist, sich alles während eines Besuchs anzuschauen. Tipp: Bleib nicht zu lange stehen, sondern wandele durch die vielen Stockwerke und zahllosen Säle.

Plaça de Sant Lu 5, www.museumares.bcn.cat, Di–Sa 10.00–19.00, So 11.00–20.00 Uhr, Eintritt 4,20 €, Metro L3 Liceu

⑦ Das **MUHBA Plaça del Rei** steht faktisch auf den gut sichtbaren römischen Überbleibseln, auf denen das mittelalterliche Barcelona errichtet wurde. Hier sind die archäologischen Fundstücke der letzten 2000 Jahre untergebracht.

Plaça del Rei 7, www.museuhistoria.bcn.cat, Di–So 10.00–14.00 & 15.00–20.00 Uhr, Eintritt 7 €, Metro L4 Jaume I

30

17

28

⑰ Die **Basílica de Santa María del Pi** (14. Jahrhundert) ist ein Paradebeispiel katalanischer Gotik. Die enorme Rosette ist die größte in ganz Europa. Etwas ganz Besonderes sind die Abendführungen, bei denen auch die Glockentürme erklommen werden und welche mit einem Glas Cava und einer großartigen Aussicht auf die Stadt enden. In der Kirche finden häufig Konzerte statt.

Plaça del Pi 7, basilicadelpi.com, Okt.–März Mo–Sa 10.00–18.00, So 17.00–19.00, April–Sept. Mo–Sa 10.00–20.00, So 17.00–19.00 Uhr, Eintritt 4 € (ohne Führung), Metro L3 Liceu

㉓ Der Name des mittelalterlichen Jüdischen Viertels **El Call** leitet sich ab vom hebräischen Wort *kahal*, welches „Gemeinschaft" bedeutet. Auf Geheiß von Königin Isabella von Kastilien wurden ab 1492 alle Juden aus Spanien vertrieben. Eine Tour führt an all den Orten entlang, wo jüdisches Erbe noch sichtbar ist, unter anderem am Haus des Rabbi oder des Alchemisten.

Placeta de Manuel Rribé s/n, www.museuhistoria.bcn.cat, Di–Fr 11.00–14.00, Sa, So 11.00–19.00 Uhr, Metro L3 Liceu, L4 Jaume I

㉖ Die **Plaça de Sant Jaume** ist das politische Herz Barcelonas und der Region Katalonien. Hier haben die katalanische Teilregierung und die Gemeindeverwaltung ihren Sitz. Auf dem Platz finden immer wieder traditionelle Aktivitäten

statt, etwa das Bauen menschlicher Türme (*Castellers*) während der Festes de la Mercè. Zur Weihnachtszeit wird hier eine originelle Krippe ausgestellt.
Plaça de Sant Jaume, Metro L4 Jaume I

(28) Das **Hash Marihuana Cáñamo & Hemp Museum** ist in einem modernistischen Palais, dem vollständig renovierten Palau Mornau, untergebracht, das ursprünglich aus dem 16. Jahrhundert stammt. In den prächtigen Sälen begegnet man sämtlichen Facetten dieses umstrittenen Gewächses und erlebt die eine oder andere Überraschung. Ein Besuch lohnt sich auch für jene, die bei dem Wort Cannabis sofort das Gesicht verziehen.
Carrer Ample 35, www.hashmuseum.com, So 11.00–20.00 Uhr, Eintritt 9 €, Metro L4 Jaume I

(30) Die **Basílica de la Mercè** wurde im 18. Jahrhundert auf den Resten eines gotischen Kirchengebäudes aus dem 13. Jahrhundert erbaut. La Mercè ist Barcelonas Schutzheilige. Die Patronin selbst prangt übrigens auf dem Dach. Am 24. September findet zu Ehren von La Mercè ein Festival statt. Überall im gotischen Viertel gibt es dann Darbietungen und Konzerte.
Carrer de la Mercè 1, Mo–So 9.00–13.30 & 16.30–20.00 Uhr, Metro L3 Drassanes

(36) Die **Plaça Reial** ist einer der elegantesten Plätze der Stadt: Palmen, gelbe Fassaden und mediterrane Balkone. An allen Seiten ist der Platz von Terrassen unter Arkadenbögen umgeben, die zum Verweilen einladen. Der Brunnen und die aparten Straßenlaternen sind das Werk Gaudís. Früher stand hier ein Kapuzinerkloster, heute ist der Platz vor allem bei Nachtschwärmern sehr beliebt.
Plaça Reial, Metro L3 Liceu

ESSEN & TRINKEN

(1) Im Erdgeschoss der Casa Marti befindet sich das berühmte Café-Restaurant **Els Quatre Gats** („Die vier Katzen"), ein echter Klassiker in Barcelona. Das Gebäude wurde von dem modernistischen Architekten Josep Puig i Cadafalch entworfen. Kein Geringerer als Pablo Picasso war hier gern gesehener Gast. Der Maler veranstaltete hier seine allerersten Ausstellungen. Auf der von Picasso

entworfenen Speisekarte steht vornehmlich regional Typisches wie *Canelones* und *Bacalao* (Stockfisch), natürlich gibt es hier auch Reisgerichte.
Carrer de Montsió 3, Tel. 933024140, www.4gats.com, tgl. 9.00–24.00 Uhr, Preis 22 €, Metro L1, L3 Catalunya

② Das Innere des Restaurants **Bosco** erinnert an einen antiken Tempel aus der Zeit der Römer und Griechen. Dafür sorgt die Kolonnade zwischen der Bar und dem Rest des Raumes. Sie verleiht dem Ort eine ganz eigene Atmosphäre. Die Speisekarte bietet kleinere und größere mediterrane Gerichte. Du kannst auch auf der Terrasse ein gutes Mittagsmenü einnehmen.
Carrer dels Capellans 9, Tel. 934121370, geöffnet Mo 12.00–17.00, Di–Sa 12.00–1.00, Preis 12 €, Metro l1, l4 Urquinaona

⑪ Im Restaurant, das sich im Hotel **Neri** befindet, kann man fantastisch essen, es liegt an einem der schönsten Plätze der Stadt. Chefkoch Alain Guiard verwendet am liebsten saisonale Produkte aus dem katalanischen Hinterland. Auf der Speisekarte stehen vor allem spanische und katalanische Klassiker, die hier auf köstlichste Weise zubereitet werden.
Plaça de Sant Felip Neri 2, www.arestaurant.es, Tel. 933177442, geöffnet Mo–So 7.30–11.00, 13.00–15.30, 19.30–23.00 Uhr, Preis 18,50 €, Metro l4 Jaume i

⑯ **Granja la Pallaresa** ist der perfekte Ort für *Churros* (spanische Teigwaren, die ein wenig an Schmalzgebäck oder Donuts erinnern) mit einer Tasse echter katalanischer Schokolade. Erwarte keinen schicken Laden, denn eine sogenannte *Granja* ist das genaue Gegenteil: unprätentiös und informell.
Carrer de Petritxol 11, Tel. 933022036, Mo–Sa 9.00–13.00 und 16.00–21.00, So 9.00–13.00 und 17.00–21.00 Uhr, Preis 5 €, Metro L3 Liceu

㉔ Das **Levante Bistrot** beschreibt sich selbst als ein innovatives Neo-Bistro mit gesunden Gerichten. Mediterrane Küche, natürliche Weine und ausgezeichneter Kaffee bestimmen die Karte. Marmortische, moderne Lampen und viele Pflanzen machen es zu einem angenehmen Ort, um in ungezwungener Atmosphäre einen Happen zu essen.
Placeta de Manuel Ribé 1, bistrotlevante.com, Tel. 938582679, geöffnet Mo 19.00–0.00 Uhr, Do–So 10.00–0.00 Uhr, Preis 11,50 €, Metro l4 Jaume I, l3 Liceu

1

27

27

29

㉕ Im **Brugarol**, in einer der mittelalterlichen Straßen des gotischen Viertels, kannst du Tapas probieren, die von den typischen japanischen Izakaya-Bars inspiriert sind. Auf der Speisekarte stehen viele moderne und Rohkostgerichte. Im Brugarol gibt es 21 Tische, es ist sehr einfach, aber die Verwendung von Holz im Innenraum verleiht ihm eine warme Atmosphäre. Empfehlenswert: das Gourmet-Menü aus neun Gerichtne für 40 Euro.

C/ de Salomó ben Adret 10, www.brugarolbarcelona.com, Reservierungen nur online, täglich 19.30–22.30 Uhr geöffnet, Preis 8,75 €, Gourmet-Menü 40 €, Metro l4 Jaume I

㉗ Das **Sensi Bistro** bietet fantastische spanische Tapas mit französischem Einfluss. Die Atmosphäre erinnert an ein typisch französisches Bistro und das Personal ist freundlich. Das Preis-Leistungs-Verhältnis ist hervorragend. Lass dich nicht von den vielen Touristen abschrecken.

Carrer del Regomir 4, sensi.es, Tel. 932506149, geöffnet Mo–Do 18.30–23.30, Fr–Sa 18.30–0.00, So 18.30–23.00, Preis 35 €, Metro l4 Jaume I, l3 Liceu

㉙ Authentischer als in **La Plata** geht es kaum: in dieser winzigen Bar mit fantastischen Kacheln und gebratenem Fisch unter Einheimischen, die nach der Arbeit in Scharen hierher kommen, um einen Happen zu essen. Neben dem Pescadito frito stehen auf der Speisekarte nur Tomatensalat und Würstchen. Wenn drinnen kein Platz mehr ist, kannst du auch draußen stehen. Schön ist es am Morgen, wenn es viel ruhiger ist.

Carrer de la Mercè 28, barlaplata.com, Tel. 933151009, geöffnet Mo–Sa 12.15–15.15 & 18.30–23.00, Preis 11–17 €, Metro l3 Liceu

㉛ Die allerbesten Nachos der Stadt bekommt man bei **La Pachuca**. Doch auch für würzige *Quesadillas* und erfrischende *Micheladas* bist du hier richtig. Kurz um, bestes mexikanisches Streetfood. Setz dich auf einen Hocker, kreuze das gewünschte Menü auf der Auswahlkarte an und warte, bis dein Name aufgerufen wird. Hier ist meist viel los, trotzdem muss man selten lange auf einen Sitzplatz warten. In den Abendstunden verwandelt sich das Lokal in eine gesellige Cocktailbar. Reservieren ist nicht möglich.

Carrer d'en Carabassa 19, Di–So 13.30–23.00 Uhr, Preis 10 €, Metro L3 Drassanes

㉞ In der schönen „Passage des Friedens" befindet sich das Mittagslokal **Federal Café**, welches sich in kürzester Zeit zu einer festen Adresse in Barcelona gemausert hat. Auf der Karte stehen Gerichte wie pochierte Eier mit Lachs, Sandwiches und Hamburger, aber auch Quinoa und andere Superfoods. Hier begegnest du vielen langen Bärten und Hipstertaschen, aber auch Paaren – manchmal mit kleinen Kindern.
Passatge de la Pau 11, Tel. 932808171, www.federalcafe.es, Mo–Do 8.00–23.00, Fr 8.00–1.00, Sa 9.00–1.00, So 9.00–17.30 Uhr, Preis 9 €, Metro L3 Drassanes

SHOPPEN

③ **La Capell** ist ein Laden, der sich vor allem auf Bücher für Architekten spezialisiert hat, daneben kann man dort auch Designerobjekte kaufen. So gibt es hier viele besondere Souvenirs und Gebrauchsgegenstände von lokalen Designern, Geschirr, Sonnenbrillen, Schmuck, Büroausstattung sowie Möbel und Spiele.
Plaça Nova 5, Tel. 932243932, www.eupalinos.com, Mo–Fr 9.00–14.30 und 17.00–19.30, Sa 10.00–14.00 Uhr, Metro L3 Liceu

⑨ Der älteste Laden der Stadt ist das Kerzengeschäft **Cereria Subirà**, das es schon seit 1761 gibt. Hier findest du Kerzen in allen Formen, Größen und Farben. Die ursprüngliche Dekoration ist noch weitgehend erhalten, was einen Besuch in diesem Geschäft zu etwas ganz Besonderem macht. Du wirst nicht nur von den fantastischen Kerzen begeistert sein, sondern auch von den schönen Wandschränken und der eleganten Treppe. Es ist eines der wenigen altmodischen Geschäfte in Barcelona, die auch in der heutigen Zeit noch bestehen.
Baixada de la Llibreteria 7, cereriasubira.cat, Mo–Sa 10–20 Uhr, Metro l4 Jaume I

⑩ **Sabater Hermanos** verkauft handwerklich gefertigte, wohlriechende Seifen in allen Sorten, Farben und Größen. Von Minifiguren bis zu großen Blöcken: Seifenliebhaber kommen aus dem Staunen nicht mehr heraus. Die Seifensorten reichen von Schokolade bis Zitrone und von Jasmin bis Ingwer.
Plaça de Sant Felip Neri 1, Tel. 933019832, www.sabaterhnos.com, Mo–So 12.00–14.00 & 17.00–20.00 Uhr, Metro L3 Liceu

18

14

9

⑫ Olivenöl gehört zu den Grundelementen der mediterranen Küche, doch Olivenöl ist nicht gleich Olivenöl. Bei **Oro Líquido** bekommst du ausschließlich Olivenöl allererster Güte. Frage im Zweifelsfall nach Rat. Neben Olivenöl zum Kochen verkaufen sie auch Hautpflegeprodukte auf Olivenölbasis.
Carrer de la Palla 8, www.oroliquido.es, Mo–Sa 11.00–19.00 Uhr, Metro L3 Liceu

⑬ Du hast die Nase voll von Läden, in denen es immer dasselbe gibt? Dann bist du bei **La Nostra Ciutat** (wörtlich: „Unsere Stadt") richtig. Hier werden nur Dinge angeboten, die von Locals erdacht und geschaffen wurden. Von Bürobedarf und Babyartikeln über Schmuck bis hin zu den Souvenirs: Alles ist gleichermaßen originell. La Nostra Ciutat arbeitet mit mehr als 180 Künstlern aus Barcelona zusammen und wählt ständig neue Produkte aus.
Carrer del Pi 11, www.lanostraciutat.co, tgl. 11.00–15.00 & 16.00–20.30 Uhr, Metro L1, L3 Catalunya

⑭ Die **Galería Maxó** hat sich in den letzten Jahren zu einem festen Begriff in Barcelona entwickelt. Hier bekommst du ganz besondere Souvenirs: Der Künstler Maxó Rennella wurde für seine eingerahmten und auf originelle Weise bearbeiteten Fotos charakteristischer Plätze, Läden und anderer Locations der Stadt bekannt. Es werden auch Werke der Künstler Jean Lloria, Bernat Casanova, Sergio Troiano und Andrea Troiano angeboten, darunter Collagen und Zeichnungen. Es lohnt sich auch, einfach nur vorbeizuschauen.

Carrer de Petritxol 18, www.galeriamaxo.com, tgl. 12.00–20.00 Uhr, Metro L1, L3 Catalunya

⑮ Die mittelalterliche **Carrer de Petritxol** besticht durch originelle Shoppingadressen und Schokoladenläden. Bei Torrons Vicens gibt es typisch spanischen Nougat, auch ein nettes Souvenir. Achte auf die Fassaden: An vielen Stellen sind Keramikschilder angebracht, die Aufschluss über frühere Bewohner geben sowie Empfehlungen für die Passanten parat halten.

Carrer de Petritxol, Metro L3 Liceu

⑱ Bei **Home on Earth** wirst du nur angenehme Dinge finden. Warme Hausschuhe, Duftkerzen, ökologisches Spielzeug: lauter Dinge, die perfekt zum Trend der Entschleunigung passen. Nachhaltigkeit spielt eine wichtige Rolle Nachhaltigkeit spielt in diesem Einrichtungshaus.

Carrer de la Boqueria 14, www.homeonearth.com, geöffnet Mo–Sa 10.00–20.00, Metro l3 Liceu

⑲ In einer sonnigen Stadt wie Barcelona kann man nicht ohne eine auskommen. Wie schön ist es, eine von einer angesagten lokalen Marke zu bekommen? In der eleganten Boutique **Charly Therapy** findest du eine große Auswahl, dazu auch einigen Schmuck. Und die Preise sind sehr günstig.

Carrer de la Boqueria 32, www.charlytherapy.com, Mo & Mi 11.00–15.30 & 16.30–21.00, Di & Do–Fr 11.00–21.00, Metro l4 Jaume I

⑳ Wusstest du, dass Espadrilles typisch katalanisches Schuhwerk sind? Eine klassische Adresse für die Anschaffung eines Paares ist **La Manual Alpargatera**. Hier werden diese Schuhe bereits seit dem Ende der 1940er-Jahren von Hand gefertigt. Es gibt sie hier in allen Farben und Größen, ausgefallen bedruckt, mit Keilabsatz, für Frauen ebenso wie für Männer.

Carrer d'Avinyó 7, www.lamanualalpargatera.es, Mo–Sa 9.30–20.00, So 10.00–20.00 Uhr, Metro L3 Liceu

㉑ Liebhaber von katalanischem Kunsthandwerk sind bei **Artesania Catalunya** genau richtig. Hier gibt es eine Vielzahl von Gebrauchsgegenständen und Kunstobjekten sowie temporären Ausstellungen, um die Arbeit der Kunsthandwerker zu fördern. Gezeigt werden Körbe, Textilien und Keramiken.

Carrer dels Banys Nous 11, www.instagram.com/artesaniacat, Mo–Sa 10–20, So 10.00–14.00 Uhr, Metro l3 Liceu

㉒ **Le Studio** ist eine feine Boutique mit Kleidung und Accessoires für Frauen, die den mediterranen Stil lieben. Du findest hier Kreationen der Labels Lola Nomada & Pêche Barcelona. Der Laden führt auch andere lokale Marken, sorgfältig ausgewählte Artikel aus aller Welt. Die Preise sind unterschiedlich. Vervollständigen kannst du dein Outfit mit Schmuck, Taschen, Schuhen und vielem mehr.

Carrer dels Banys Nous 6, lestudiobcn.company.site, Mo–Sa 11.00–20.30 Uhr, Metro l3 Liceu

㉜ Feine Pullover und Strickjacken für den Winter und kokette Kleider für den Sommer: **Claudine** ist die Art von Geschäft, die Frauen glücklich macht. Außerdem gibt es wunderschönen handverlesenen Schmuck, ausgefallene Taschen und andere Accessoires. Wer hier ohne Kauf rausgeht, besitzt große Selbstbeherrschung.

Carrer dels Escudellers 45, claudinebcn.com, Mo–Sa 11.00–20.00, So 12.00–20.00 Uhr, Metro l3 Liceu

㉟ Bist du auf der Suche nach besonderen Gadgets oder zeitgemäßen Souvenirs? Dann tauche ein in die fantastische **Passatge del Temps** im Wachsfigurenmuseum. Das zentrale Thema dieses Museumsshops ist Design. Im Foodbereich bekommt man nicht nur eine Tasse Kaffee mit süßen oder herzhaften Leckereien, sondern auch spanische Delikatessen für zu Hause.

Passatge de la Banca 7, www.museocerabcn.com, tgl. 10.30–19.00 Uhr, Eintritt 20 €, Metro L3 Drassanes

32

14

ROUTE 2

EL BORN & LA BARCELONETA

INFOS ZUR ROUTE

Dieser abwechslungsreiche Spaziergang führt dich vom angesagten Viertel El Born in das alte Fischerviertel Barceloneta. Eine ideale Kombination also für alle Shopping- und Strandliebhaber, die auch noch Freude an gutem Essen haben. In El Born kommst du zudem, was Kunst und Kultur betrifft, voll auf deine Kosten.

DIE VIERTEL

Hippe Restaurants, kleine Designerboutiquen und trendige Terrassen: **El Born** gilt als das Soho Barcelonas. Das Zentrum des Viertels ist eine einzige Flaniermeile. Hinter den jahrhundertealten, behutsam restaurierten Fassaden verbergen sich exklusive Lofts und Studios. Im Labyrinth der mittelalterlichen Straßen entdeckt man reihenweise originelle Adressen. El Born stammt aus dem 14. Jahrhundert und war lange Zeit das Viertel der Seefahrer, Kaufmänner und Handwerker. Die Vermögenden ließen sich luxuriöse Paläste an der **Carrer de Montcada** bauen, nahe der städtischen Zünfte. In einem der kleinen Häuschen befindet sich heute das Museu Picasso. Sechs Jahrhunderte später war El Born ein *Barri* (Viertel), in dem man nicht einmal tot aufgefunden werden wollte. Die dunklen Gässchen, die man heute charmant findet, waren bis in die 1980er-Jahre vor allem schaurig. Das änderte sich, als das Viertel für die Olympischen Spiele grundsaniert wurde. El Born hat es geschafft, sich zu Barcelonas angesagtestem Viertel hochzuarbeiten.

Auch **Barceloneta**, das Fischerviertel aus dem 18. Jahrhundert, unterlief anlässlich der Olympischen Spiele einer Neugestaltung. Hier wurde der erste **Sandstrand** angelegt. Wer authentische Tapasbars und ungezwungene Restaurants mit viel Fisch auf der Karte mag, ist hier richtig. Weiter Richtung Meer befinden sich auf der linken Seite des pulsierenden **Passeig de Borbó** zahllose Bars mit Terrassen, während sich gegenüber das stattliche Historische Museum und der alte Hafen befinden.

BESCHREIBUNG ROUTE 2 (ca. 8,2 km)

Überquere an der Metrostation Arc de Triomf die Straße und geh, vorbei am Arc de Triomf 1, zur Carrer del Rec Comtal. Nimm nach einer Tasse Kaffee 2 die erste Straße rechts und folge ihr in die Carrer de Sant Pere Més Alt 3 4. Biege links in die Carrer de Verdaguer i Callis 5, um an deren Ende links und sogleich wieder rechts abzubiegen, sodass du zur Markthalle 6 kommst. Die Carrer de les Freixures mündet nun in der Carrer de les Semoleres. An deren Ende biegst du links ab 7 und geh rechts und dann links in die Carrer de la Princesa 8 und spaziere auf der gegenüberliegenden Seite in die Carrer dels Cotoners 9. An deren Ende geht es rechts und gleich wieder links in die Carrer Barra de Ferro 10. Biege dann rechts ab zum Picassomuseum 11 oder zum Moco Museum 12. Anschließend läufst du rechts auf die Carrer Sant Antoni dels Sombrerers, an der Rückseite der Kirche Santa María del Mar 13 14 15 16 vorbei. Danach biegst du nach rechts in die Carrer dels Mirallers 17, links auf die Carrer de Brosolí 18 und dann wieder links auf die Carrer de l'Argenteria. Biege rechts in die Carrer de L'Espaseria ein 19, dann links auf den Pla de Palau 20 21. Nimm die Carrer de Rera Palau auf der rechten Seite für Cocktails 22 oder geh links über die Carrer de la Vidrieria zum Passeig del Born. Dort rechts abbiegen. Für Herrenmode geht es rechts in di Carrer del Rec 23 oder weiter zur alten Markthalle von El Born CCM 24. An der Carrer del Comerç kannst du links abbiegen 25 26. Oder du gehst durch die Markthalle und nimmst die Passatge del Mercantil auf der Rückseite. Vor dem Hammam links abbiegen zum Passeig de Picasso 27. Oder spaziere durch den Park 28 mit dem Tiergarten 29. Über die Avinguda Marquès de l Argentera gelangst du zum Pla Palau, wo du links abbiegst. Geh weiter zum Passeig Joan de la Borbó 30. Über die Moll del Dipòsit und die Moll de i Alsina erreichst du das Aquarium 31. Gehe links, dann wieder rechts und links in die Carrer de la Maquinista bis zum Marktplatz 32 33. Biege rechts in die Carrer de Sant Carles und dann wieder links in den Passeig Joan de la Borbó ein. An der Plaça del Mar 34 erreichst du den Strand 35, wo du auch lecker essen kannst 36.

SEHENSWÜRDIGKEITEN

① Der **Arc de Triomf** wurde nicht zu Ehren eines militärischen Sieges erbaut, sondern war der Haupteingang zur Weltausstellung von 1888, die im nahe gelegenen Parc de la Ciutadella abgehalten wurde. Der Triumphbogen ist noch immer ein imposantes Bauwerk im neomaurischen Stil, entworfen wurde er vom Architekten Josp Vilaseca i Casanova.

Passeig de Lluis Companys, Metro L1 Arc de Triomf

④ Liebst du Musik und besondere Architektur? Dann wirst du im Konzertsaal des **Palau de la Música** garantiert einen wunderbaren Abend verbringen. Das reich verzierte, modernistische Bauwerk wurde vom Architekten Lluis Domènech i Montaner entworfen. Es gibt auch Führungen durch das Gebäude, das zum UNESCO-Weltkulturerbe gehört (Reservierung notwendig).

Carrer de Palau de la Música 4–6, www.palaumusica.cat, Kasse Mo–Sa 9.30–21.00, So 10.00–15.00 Uhr und 2 Std. vor Konzertbeginn, Café tgl. 9.00–24.00 Uhr, Preis Führung 10 €, Metro L1, L4 Urquinaona

⑩ Das **Museu Europeu d'Art Modern (MEAM)** ist das einzige Museum für zeitgenössische figurative Kunst in Spanien. Es wird von der Fundació de les Arts i els Artistes verwaltet, einer Stiftung für Künste und Künstler. Sie gibt Künstlern die Chance, ihre Werke auszustellen, um sich so einen Namen zu machen. Viele Gemälde und Bildhauereien stammen aus dem 20. und 21. Jahrhundert. Im Sommer werden auf dem Patio Musikabende veranstaltet.

Carrer Barra de Ferro 5 www.meam.es, Di–So 10.00–20.00 Uhr, Eintritt 9 €, Metro L4 Jaume I

⑪ Seit den 1960er-Jahren ist eine große Anzahl von Picassos frühen Werken in einem alten Palais in der Carrer de Montcada untergebracht. Aus Dankbarkeit schenkte Picasso dem **Museu Picasso** einige Jahre später fast 1000 Werke. Das Museum war eine gewagte Sache, weil der Maler zu diesem Zeitpunkt bei dem herrschenden Franco-Regime nicht sonderlich hoch im Kurs stand. Das Museum gehört zu den derzeit am meisten besuchten Attraktionen der Stadt.

Carrer de Montcada 15–23, Tel. 0932563000, www.museupicasso.bcn.es, Di, Mi, Fr–So 10.00–20.00, Do 10.00–21.30 Uhr, Eintritt 12 €, Metro L4 Jaume I

1

12

12

⑫ Nach Amsterdam hat nun auch Barcelona ein **Moco Museum**, ein Museum mit moderner und zeitgenössischer Kunst, wie Straßenkunst, interaktive und aktivistische Kunst. Vor allem junge Menschen fühlen sich von den Künstlern im Moco angezogen, darunter Andy Warhol, Jean-Michel Basquiat, Damien Hirst, Keith Haring und KAWS. Das Museum ist in einem wunderschönen mittelalterlichen Palast untergebracht.

Carrer de Montcada 25, mocomuseum.com, Mo–Do 10.00–19.00, Fr-So 10.00–21.00 Uhr, Eintrittskarten 13,50 €, Metro L4 Barceloneta

⑬ Manche sagen, die Sagrada Família sei die Kirche der Touristen und die **Santa María del Mar** das Gotteshaus des Volkes. Die gotische Kirche wurde im 14. Jahrhundert, innerhalb einer kurzen Bauzeit von gerade einmal 54 Jahren, hochgezogen. Sämtliche Bewohner des Viertels sollen sich am Aufbau beteiligt haben. Die Kirche ist auch als „Kathedrale des Meeres" bekannt, weil sie die Kirche der Seefahrer und Hafenlaufburschen war. Das Dach der Kirche kann man gegen einen Aufpreis im Rahmen einer Führung besuchen.

Plaça de Santa Maria, www.santamariadelmarbarcelona.org, Kirche Mo–Sa 9.00–13.00 und 17.00–23.00, So 10.00–14.00 und 17.00–20.00 Uhr, Kirche und Krypta

Mo–Sa 13.00–17.00, So 14.00–17.00 Uhr, Eintritt frei, Krypta 5 €, geführte Tour auf das Dach 8,50 €, Metro L4 Jaume I

㉔ Der alte Obst- und Gemüsemarkt Mercat del Born schloss in den 1970er-Jahren seine Pforten. 2013 wurde die Markthalle unter dem Namen **El Born Centre de Cultura i Memòria** wiedereröffnet. Das Kulturzentrum und Museum ist dem Viertel El Born, wie es um das Jahr 1700 war, gewidmet. Die archäologischen Ausgrabungen aus dieser Zeit sind auf besondere Weise offengelegt und in den Ausstellungsräumen zu besichtigen. Man kann sich gratis umsehen, für Führungen muss man bezahlen.

Plaça Comercial 12, elbornculturaimemoria.barcelona.cat, Okt.–Feb. 10.00–19.00, März–Sept. 10.00–20.00 Uhr, Eintritt frei, Metro L1 Arc de Triomf

㉕ Chocoholics können ihrer Sucht im **Museu de la Xocolata** frönen. Hier erfährst du alles über die Geschichte, den Herstellungsprozess und die gesunde Wirkung der Schokolade. Lass dich im Museumsshop außerdem von Barcelonas berühmtesten Bauwerken in Schokoladenausführung verführen.

Carrer del Comerç 36, www.museuxocolata.cat, Mitte Sept.–Mitte Juni Mo–Sa 10.00–19.00, So 10.00–15.00, Mitte Juni–Mitte Sept. Mo–Sa 10.00–20.00, So 10.00–15.00 Uhr, Eintritt 6 €, Metro L1 Arc de Triomf

㉖ Das **Convent de Sant Agusti**, ursprünglich ein Augustinorkloster aus dem 15. Jahrhundert, dient heute als Kulturzentrum, in dem Ausstellungen, Konzerte oder Märkte veranstaltet werden. Mit sehr schöner Bar.

Carrer Comerç 36, Tel. 0932565000, Mo–Fr 9.00–22.00, Sa 10.00–14.00 und 16.00–21.00 Uhr, Eintritt frei, Metro L1 Arc de Triomf

㉚ Im **Museu d'Història de Catalunya** kannst du auf einer interaktiven Tour mehr über die Geschichte Kataloniens erfahren, von der Prähistorik bis zu den jüngsten Ereignissen. Das Gebäude, in dem sich das Museum seit 1996 befindet, diente früher als Warenlager und ist ein gutes Beispiel für die katalanische Hafenarchitektur gegen Ende des 19. Jahrhunderts. Von der Dachterrasse hat man einen fantastischen Ausblick auf den Hafen.

Plaça Pau Vila 3, www.mhcat.net, Di, Do–Sa 10.00–19.00, Mi 10.00–20.00, So 10.00–14.30 Uhr, Eintritt 4,50 €, Metro L4 Barceloneta

ESSEN & TRINKEN

② In der Gastrobar **Elsa Y Fred** gibt es die modernsten Tapas: inspiriert durch die internationale Küche, zubereitet mit neuester Technik und wunderschön angerichtet. Zum Essen kann man regelmäßig Jazzkonzerte genießen. Tipp: Reservier dir einen Tisch zum Brunchen und bleib den ganzen Nachmittag sitzen.
Carrer Rec Comtal 11, Tel. 935016611, www.elsayfred.es, tgl. 8.30–1.00 Uhr, Preis 10 €, Metro L1 Arc de Triomf

③ Die Tapas im **Casa Lolea** sind zum Anbeißen gut, und es ist auch eines der fröhlichsten Lokale der Stadt. Überall finden sich rote und weiße Punkte. Sie können hier auch ein schönes Frühstück genießen.
Carrer de Sant Pere Més Alt 49, casalolea.com, Tel. 936241016, täglich 9.00–00.30 Uhr, Preis 7,60 €, Metro L1, L4 Urquinaona

⑧ Die Besitzer von **Can Cisa/Bar Brutal** interpretieren das altmodische Bodega-Feeling auf zeitgemäße Weise. Inmitten vieler großer Fässer werden Bio-Weine von guter Qualität serviert. Natürlich kannst du auch etwas zum Essen bestellen. Die Speisekarte bietet originelle Gerichte, zubereitet mit den besten, wie z.B. Burrata mit Räucherlachs, Ei mit Trüffel und Dillsauce.
Carrer de la Princesa 14, barbrutal.com, Tel. 933199881, Mo 19.00–0.00, Di–Sa 13.00–1.00 Uhr, Preis 16 €, Metro L4 Jaume I

⑯ Beliebt bei den Einheimischen, vor allem zur Mittagszeit wegen der guten Mittagskarte. **Petra** ist ein gemütliches, kleines Restaurant mit einem ausgezeichneten Preis-Leistungs-Verhältnis, und was man hier bestellt, ist immer köstlich: Salate, Nudeln, Fleisch, Fisch und vegetarische Gerichte.
Carrer dels Sombrerers 13, www.restaurantpetra.com, Tel. 933199999, Mo–Do & So 13.00–16.00, Mi–Sa 13.00–16.00 & 20.30–22.30 Uhr, Preis 15 €, Metro L4 Barceloneta

⑲ An heißen Tagen stehen die Leute zu Recht Schlange vor der Tür. **Gocce di Latte** bietet die besten Eissorten. Originelle Geschmacksrichtungen, traditionell zubereitet, wie zum Beispiel Zitronenpudding oder Roseneis. Um die Ecke liegt die zweite Filiale, in der gluten- und laktosefreies Eis verkauft wird.
Pla de Palau 4, Tel. 617986186, Mo–So 12.00–0.00 Uhr, Metro L4 Barceloneta

3
San Miguel
LOLEA
AGUA
LOLEA
Nº1

22

8

22

20

20
EAT

20

⑳ **Honest Greens** wurde erst vor Kurzem eröffnet und hat sich in kürzester Zeit zu Barcelonas Zentrum für hippes, gesundes Essen entwickelt. Viel Gemüse, großartige Kombinationen und egal, ob vegetarisch, vegan, gluten- oder laktosefrei, für jeden ist etwas dabei. Bitte beachte: Man bestellt an der Kasse und sucht sich dann einen Platz. Aromatisierte Wasser kannst du so oft nachschenken, wie du möchtest.

Pla de Palau 11, honestgreens.com, Tel. 931227664, Mo–Fr 9.00–23.00 , Sa–So 9.30–23.00 Uhr, Preis 7,90 €, Metro L4 Barceloneta

㉑ Das **Cal Pep** ist laut, überfüllt und sieht chaotisch aus, aber hier isst man vielleicht die besten Tapas der Stadt. Kein Wunder, dass es immer voll ist. Die Snacks werden mit den besten Zutaten zubereitet. Einziger Nachteil: Es ist viel teurer als der Durchschnitt.

Plaça de les Olles 8, www.calpep.com, Tel. 933107961, Mo 19.30–23.30, Di–Sa 13.00–15.45 & 19.30–23.30 Uhr, Preis 19 €, Metro L4 Barceloneta

㉒ Lange Zeit war das **Paradiso** ein Geheimtipp, heute ist es ein offenes Geheimnis und man muss Schlange stehen, um hineinzukommen. Von außen wirkt es wie eine gewöhnliche Sandwich-Bar, aber hinter der Theke verbirgt sich eine der besten Cocktailbars von Barcelona-, eine Initiative von zwei Bartendern, die beide einmal zum besten Coctelero Spaniens gekürt wurden. Sie verwandeln Cocktails in wahre Kunstwerke

Carrer de Rera Palau 4, paradiso.cat, Reservierung nicht möglich, Mo–Do 18.00–2.30, Fr–Sa 17.00–3.00, So 18.00–2.30 Uhr, Preis 12,50 €, Metro L4 Barceloneta

㉝ Das urige **Cova Fumada** soll der Ort sein, an dem der berühmte katalanische Imbiss *bomba* (mit Hackfleisch gefüllte Kartoffelbällchen) geboren wurde. Suchst du nach einer Tapasbar mit echt ungezwungener Atmosphäre? Dann bist du hier genau richtig. Prima Portionen, bezahlbare Preise, leckeres Essen und traditionelles Flair. Was will man mehr?

Carrer del Baluard 56, Tel. 932214061, fb, Mo–Mi 9.00–15.30, Do, Fr 9.00–15.30 und 18.00–20.30, Sa 9.00–13.30 Uhr, Preis 9 €, Metro L4 Barceloneta

㊱ Ein Fischrestaurant mit warmer, moderner und zugleich urbaner Atmosphäre ist das stimmungsvolle **Barraca**. Viel Holz, Designerlampen und edles Geschirr. Hier kann man gut essen und dabei den Ausblick auf das Meer genießen.
Passeig Marítim de la Barceloneta 1, Tel. 932241253, www.tribuwoki.com/restaurante/barracabarceloneta, tgl. 13.00–23.00 Uhr, Preis 18 €, Metro L4 Barceloneta

SHOPPEN

⑥ Die moderne Markthalle des **Mercat de Santa Caterina** erkennst du schon von Weitem an ihrem leuchtend bunten, wellenförmigen Dach. In der Halle erledigen die Einheimischen ihre täglichen Einkäufe. Im hinteren Bereich kannst du die archäologischen Überbleibsel des alten Klosters Santa Caterina entdecken, das damals hier gestanden hat.
Avinguda de Francesc Cambó 16, www.barcelonaturisme.com/wv3/es/page/471/mercado-de-santa-caterina.html, Mo 7.30–14.00, Di, Mi, Sa 7.30–15.30, Do, Fr 7.30–20.30 Uhr, Metro L1, L4 Urquinaona

⑦ Sämtliche Designerobjekte, die du bei **OMG BCN** kaufen kannst, sind in der katalanischen Hauptstadt entworfen worden. Von Büroutensilien über Tassen, Dekoartikel für daheim bis hin zu Schmuck und Kindersachen: Hier findet wirklich jeder etwas. Alle Artikel wurden sorgfältig von den Ladenbesitzern ausgewählt. Wer originelle Souvenirs sucht, sollte diesen Laden besuchen.
Plaça de la Llana 7, www.omgbcn.com, tgl. 11.30–21.00 Uhr, Metro L4 Jaume I

⑨ Die lokale Marke **Iriarte Iriarte** bietet wunderschöne Ledertaschen an. Designerin Carolina fertigt sämtliche Exemplare von Hand. Die Taschen sind von außergewöhnlich guter Qualität. Billig sind sie allerdings nicht. Wenn du zuschauen willst, wie deine Tasche hergestellt wird, kannst du einen Termin für einen Besuch in ihrem Atelier im gotischen Viertel vereinbaren.
Carrer dels Cotoners 12, www.iriarteiriarte.com, Di–Sa 16.30–20.30 Uhr, Metro L4 Jaume I

6

14
AMETLLA
AMETLLA
CACAUET

17

16

9

18
IVORI

9

⑭ **Casa Gispert** sieht aus wie aus einem Roman; dieser alte Lebensmittelladen hat seit 1851 überlebt. Hier werden Nüsse, Trockenfrüchte, Gewürze, Kaffee, Schokolade und vieles mehr verkauft. Die Innenausstattung ist original und, selbst wenn du nichts kaufst, einen Blick wert.
Carrer dels Sombrerers 23, www.casagispert.com, Mo–Sa 9.30–20.00, So 11.00–19.00 Uhr, Metro L4 Barceloneta

⑮ Der **Blended Concept Store** ist ein kleiner, feiner Laden für Bekleidung und Accessoires. Angeboten werden beispielsweise Doughnut-Rucksäcke aus Hong Kong, Vintage-Kimonos aus Kyoto, Bruinlabel-Accessoires und Artikel von lokalen Designern wie Essyello (Schmuck), Bond & Burlington (Krawatten) sowie Govou (Taschen). Das komplette Angebot ist handverlesen.
Carrer dels Sombrerers 15, im Sommer Mo–Fr 11.00–21.00, So 12.00–20.00, im Winter Mo–Do 11.00–20.00, Fr, Sa 11.00–20.30, So 12.00–19.00 Uhr, Metro L4 Jaume I

⑰ Das Modegeschäft **Ivori Barcelona** bietet ausschließlich Entwürfe lokaler Designer an. Hier findest Du Damenbekleidung, Schuhe und Accessoires. Schöne und hochwertige Dinge in einem hübschen Raum.
Carrer dels Mirallers 7, www.ivoribarcelona.com, Mo–Sa 11.00–20.30 Uhr, Metro L4 Jaume I

⑱ Im Einrichtungsgeschäft und **Concept Store Pachulí** findest du schöne Möbel, einzigartige Accessoires und Kunst für dein Zuhause. Die handverlesenen Produkte kommen aus der ganzen Welt, darunter antike spanische Möbel, kubanische Kunst, marokkanische Teppiche und asiatische Accessoires. Und wenn du dich wirklich in einen Schrank verliebst, kannst du ihn auch liefern lassen.
Carrer del Brosolí 4, pachulinterior.com/de/home, Mi–Sa 11.00–14.00 & 16.00–20.00 Uhr, Metro L4 Jaume I

㉓ **La Comercial Hombre** gehört zur gleichnamigen Kette, die in El Born mit mehreren Geschäften vertreten ist. In diesem Laden für Männermode findest du geschmackvolle Kleidung von Marken wie Paul Smith. Es gibt auch Schuhe, Accessoires und Kosmetika, wie z. B. Parfüms von Penhaligon's. Ein Geschäft für den Mann, der gerne gepflegt aussieht.
Carrer del Rec 73, www.lacomercial.info, Mo–Do 11.00–21.00, Fr, Sa 11.00–21.30 Uhr, Metro L4 Jaume I

㉜ Der moderne Obst- und Gemüsemarkt **Mercat de la Barceloneta** bildet mit seinem Restaurant einen scharfen Kontrast zum ansonsten eher traditionellen Barceloneta. Die Einheimischen erledigen hier ihre Einkäufe und treffen sich auf dem Platz, um den neuesten Klatsch auszutauschen.

Plaça Poeta Bosca 1, Aug.–Juni Mo–Do, Sa 7.00–15.00, Fr 7.00–20.00, Juli Mo–Fr 7.00–15.00, Sa 7.00–14.00 Uhr, Metro L4 Barceloneta

FREIZEITTIPPS

⑤ Das **Antic Teatre** ist ein gut verstecktes altes Theater mit einem wunderschönen Innenhof. Hier kannst du von der Cocktailstunde bis in den späten Abend einen Drink genießen. Auf der ersten Etage befindet sich eine Terrasse, und im Theater selbst werden häufig (alternative) Konzerte oder andere Veranstaltungen abgehalten. Auf der Webseite kannst du dir das Programm ansehen. Alles in allem ein komplett ungeschminkter Ort, auch bei den Locals sehr beliebt.

Carrer de Verdaguer i Callís 12, www.anticteatre.com, Mo–Do 10.00–23.30, Fr 10.00–24.00, Sa 17.00–24.00, So 17.00–23.30 Uhr, Metro L1, L4 Urquinaona

㉗ **Aire de Barcelona** ist ein Badehaus mit arabischem Flair in einem ehemaligen Lagerhaus, das Ende des 17. Jahrhunderts erbaut wurde. Die vielen Bögen und die alten Mauern schaffen eine charakteristische Atmosphäre. Man kann zwischen einem heißen, kalten oder lauwarmen Bad wählen und sich auf warmen Marmorbänken ausruhen. Auch Massagen sind buchbar. Einfach herrlich! Unbedingt reservieren!

Passeig de Picasso 22, beaire.com, tgl. 10.00–1.30 Uhr, Eintritt ab 41 €, Metro L4 Barceloneta

㉘ Der **Parc de la Ciutadella** eignet sich perfekt für ein sonniges Picknick. Am Wochenende finden hier häufig Veranstaltungen statt, falls nicht, sorgen einheimische Musiker für stimmungsvolle Atmosphäre. Der größte Park Barcelonas wurde aus Anlass der Weltausstellung von 1888 angelegt. Heute befindet sich in diesem Stadtpark unter anderem der Zoo.

Passeig de Picasso 21, tgl. 10.00 Uhr bis Sonnenuntergang, Metro L4 Barceloneta/ Ciutadella-Vila Olìmpica

5
ESPECTE LE JARDIN

35

ROUTE 3

L'EIXAMPLE

INFOS ZUR ROUTE

Kunst- und Architekturliebhaber dürften kaum etwas dagegen haben, dass dieser Rundgang etwa 12 Kilometer lang ist. Er führt vorbei an Gebäuden Gaudís und seiner Zeitgenossen. Warum wirfst du nicht einen Blick in die Schaufenster der teuren Läden an der Passeig de Gràcia? Wem die Route dennoch zu lang ist, der kann sie aufteilen oder einfach das Rad nehmen.

DAS VIERTEL

Als die Ciutat Vella (Alte Stadt) im 19. Jahrhundert aus allen Nähten platzte, war die Zeit reif für ein neues Wohnviertel. Der katalanische Architekt und Stadtplaner Ildefons Cerdà entwarf den Stadtteil **L'Eixample**, was so viel wie „Erweiterung" bedeutet. Cerdà wollte, dass sich sowohl die begüterten Bürger als auch die Arbeiter dort zu Hause fühlten. Er erschuf die *Mansanas* (Wohnblöcke). Die aufsehenerregenden Fassaden der reichen Bevölkerung bestimmen auch heute noch das Stadtbild.

Cerdà bedachte auch den Verkehr, der künftig durch die Straßen rollen würde und entwarf aus diesem Grund keine viereckigen, sondern achteckige Wohnblöcke. Mit den abgeschrägten Ecken der Mauern, die eine bessere Übersicht gewährleisten sollten, war er seiner Zeit weit voraus. Außerdem ging er davon aus, dass auf diese Weise der Wind besser hindurchwehen könne und sich deshalb Krankheiten schwerer festsetzen würden.

Ende des 19. Jahrhunderts lebten sich die Architekten im neuen Stadtteil aus, und noch immer ist L'Eixample das Paradebeispiel für den katalanischen Modernisme. Die Strömung war eine Variante des Art nouveau beziehungsweise des Jugendstils. Bekanntester modernistischer Baumeister ist Antoni Gaudí. Sein Meisterwerk, die **Sagrada Família**, liegt mitten in L'Eixample, ebenso wie die bekannten Häuser **Casa Batlló** und **Casa Milà**.

BESCHREIBUNG ROUTE 3 (ca. 12 km)

Die Route startet an Gaudís Meisterwerk, der Sagrada Família 1. Gehe einige Meter die Carrer de la Marina bergauf und links in die Passatge de Simó, um dir einen Roller zu mieten 2 oder guten Fisch zu essen 3. Biege links in die Carrer de Sardenya und folge dann rechts in die Carrer de Provença bis zum Passeig de Sant Joan, wo du links abbiegst 4. Biege rechts in die Carrer d'Aragó ein, dann wieder nach rechts, um leckere Burger zu essen 5. An der Kreuzung mit der Carrer de Girona gehst du nach links. An der Carrer de Casp geht es nach rechts 6. Halte dich an der Carrer de Carrer Roger de Llúria rechts, um Delikatessen 7 zu kaufen. Wenn du der Straße bis zur Avinguda Diagonal folgst, kannst du die Casa de les Punxes sehen 8. Oder du gehst gleich links in die Carrer de Valencia 9. Folge dem Straßenverlauf bis zur Avinguda Diagonal 10. Dort hältst du dich links, um dann gleich wieder links über den Passeig de Gràcia in Richtung Meer zu spazieren. Unterwegs kannst du dir modernistische Gebäude ansehen, shoppen oder etwas essen gehen 11 12 13 14 15 16 17 18. An der Carrer del Diputació 19 läufst du nach rechts und die erste links bis zur Plaça Catalunya. In der Carrer de Bergara kannst du im Greenhouse 20 ein leckeres Mittagessen einnehmen. Geh rechts in die Carrer de Balmes, so gelangst du zu den Gärten der Universität 21. Geh um das Gebäude herum und bieg dann rechts in die Carrer d'Enric Granados 22 und wieder rechts in die Carrer Consell de Cent 23 24 ein. Auf der Rambla de Catalunya biegst du links ab. Du kannst auch rechts in die Carrer d'Aragó gehen, um Kunst zu betrachten 25. Oder weiter einkaufen 26. Links geht es in die Carrer de Provença und rechts in die Carrer d'Enric Granados 27 28. Geh bis zur Kreuzung mit der Diagonal. Biege links ab und nimm dann die Carrer de Londres 29 30. Wieder links abbiegen in die Carrer de Casanova 31, dann rechts in die Carrer de Còrsega. Nun wieder links in die Carrer de Villarroel 32 und rechts in die Carrer del Provença. Geh weiter geradeaus bis zur Carrer de Llança, wo du nach links zum Park 33 und dem angrenzenden Einkaufszentrum 34 gelangst.

SEHENSWÜRDIGKEITEN

① Die **Sagrada Família** ist das Wahrzeichen Barcelonas und Gaudís bekanntestes Bauwerk. An der Kathedrale wird bereits seit 1882 gebaut. Weil sie komplett aus Spenden finanziert werden musste, verzögerte sich das Projekt. Das Innere, das erst 2010 fertiggestellt wurde, ist spektakulär. Mit dem Lift kannst du die Türme nach oben fahren, von wo du eine wunderbare Aussicht auf die Stadt und die im Bau befindliche Kirche hast. Ein Besuch Barcelonas ist unvollständig, solange man Gaudís Meisterwerk nicht gesehen hat.

Plaça de la Sagrada Família, www.sagradafamilia.org/en, April–Sept. tgl. 9.00–20.00, Okt.–März 9.00–18.00 Uhr, Eintritt 26 €, Metro L2, L5 Sagrada Família

⑧ Die **Casa de les Punxes** ist das Werk des Modernisten Josep Puig i Cadafalch. Das an eine Burg erinnernde „Haus der Spitzen" stammt aus dem beginnenden 20. Jahrhundert und wurde erst vor Kurzem der Öffentlichkeit als Museum zugänglich gemacht. Vor allem das Dach mit seinen spitzen Türmchen ist spektakulär.

Avinguda Diagonal 420, casadelespunxes.com, tgl. 9.00–20.00 Uhr, Preis 13,50 €, Metro L3, L5 Diagonal

⑨ Das **Museu Egipci** bietet eine einzigartige Privatkollektion von etwa 1000 unterschiedlichen Objekten aus dem antiken Ägypten, von Keramiken über Gemälde bis hin zu Kleidern. Es gehört zu den wichtigsten Museen Europas, die dem alten Ägypten gewidmet sind.

Carrer de València 284, www.museuegipci.com, Mo–Fr 10.00–14.00 & 16.00–19.30, Sa 10.00–15.00 & 16.00–19.30, So 10.00–14.00 Uhr, Eintritt 12 €, Metro L2, L3, L4 Passeig de Gràcia

⑪ Der **Palau Robert** war zu Anfang des 20. Jahrhunderts die Residenz des reichen Industriellen Robert Suris. Heute befindet sich hier die katalanische Touristinfo, zudem kann man wechselnde Ausstellungen besuchen. Wirf unbedingt auch einen Blick in den schönen Palaisgarten, die Palmen stammen von der Weltausstellung 1888!

Passeig de Gràcia 107, www.gencat.cat/palaurobert, Mo–Sa 10.00–20.00, So 10.00–14.30 Uhr, Eintritt frei, Metro L3, L5 Diagonal

16

⑭ Manche sehen in der wellenförmig angelegten Fassade der **Casa Milà** eine Dünenlandschaft, andere ein Korallenriff. Im Volksmund trägt dieses markante Bauwerk den Beinamen La Pedrera („der Steinbruch"). Gaudí arbeitete von 1906–1910 daran, bevor er sich komplett an die Sagrada Família verlor. Nach Ansicht vieler kommt in diesem Bauwerk seine Liebe für natürliche Formen am besten zur Geltung. Du wirst nicht eine einzige geradlinige Mauer finden.

Carrer de Provença 261, www.lapedrera.com, tgl. März–Okt. 9.00–20.00, Nov.–Feb. 9.00–18.30 Uhr, Eintritt 24 €, Metro L3, L5 Diagonal

⑮ Die märchenhafte **Casa Batlló**, ebenfalls von Gaudí erbaut, ist dem katalanischen Schutzpatron Sant Jordi gewidmet. Der Legende nach soll dieser einen Drachen getötet haben. Während die pastellfarbene Fassade an die Schuppen eines Fisches erinnert, hat das Dach unverkennbar die Form eines Drachenschwanzes. Das Gebäude gehört der für ihre Lollymarke Chupa Chups bekannten Familie Bernat. Die erste Etage ist ein architektonisches Highlight.

Passeig de Gràcia 43, www.casabatllo.cat, tgl. 9.00–21.00 Uhr, Eintritt 23,50 €, Metro L2, L3, L4 Passeig de Gràcia

⑯ Die **Casa Amatller** war das Domizil des Schokoladenproduzenten Antoni Amatller und seiner Tochter Teresa. Das modernistische Palais wurde vom Architekten Josep Puig i Cadafalch von 1898–1900 erbaut. 2014 öffnete es seine Tore für die Öffentlichkeit. Das Interieur des Wohnhauses ist fast komplett intakt und erhalten geblieben. Erst kürzlich wurden im Rahmen von Arbeiten sogar noch Kleidungsstücke der ersten Bewohner in einer der Kommoden gefunden.

Passeig de Gràcia 41, www.amatller.org, tgl. 11.00–19.00 Uhr, Eintritt 15 €, Metro L2, L3, L4 Passeig de Gràcia

⑰ Die **Casa Lleó i Morera** ist zusammen mit der **Casa Amatller** und **der Casa Batlló** Teil der sogenannten Mansana de la Discòrdia (Block der Zwietracht), in der die drei größten Modernisten Barcelonas jeweils eine Immobilie erworben haben. Die Casa Lleó i Morera von Lluís Domènech i Montaner befindet sich an der Ecke. Witziges Detail: Das Haus ist nach seinem Namenspatron Lleó i Morera benannt, und der Löwe (lleó) ist in verschiedenen Versionen an der Fassade zu finden. Der Maulbeerbaum (morera) ist im Inneren allgegenwärtig.

Passeig de Gràcia 35, www.casalleomorera.com, nicht öffentlich zugänglich, Metro l2, l3, l4 Passeig de Gràcia

㉓ Willst du wissen, wie die modernistischen Gebäude der Stadt Ende des 19. und Anfang des 20. Jahrhunderts eingerichtet waren? Im **Museu del Modernisme Català** kannst du modernistische Möbel und Kunst bewundern. Es gibt dort Stühle, Schminktische, Gemälde und Bilder unter anderem von Gaudí.

Carrer de Balmes 48, www.mmcat.cat, Di–Sa 10.30–19.00, So 10.30–14.00 Uhr, Eintritt 10 €, Metro L1, L2 Universitat, L2, L3, L4 Passeig de Gràcia

㉕ Das Werk des verstorbenen aus Barcelona stammenden Künstlers Antoni Tàpies ist in seinem Museum mitten in L'Eixample zu besichtigen: dem **Fundació Antoni Tàpies**. Die Sammlung ist in einem modernistischen Gebäude aus dem 19. Jahrhundert untergebracht, das von Lluís Domènech i Montaner entworfen wurde. Die aus mehreren Kilometern Stacheldraht bestehende Skulptur auf dem Dach formt das Kunstwerk „Stuhl und Wolke".

Carrer d'Aragó 255, Tel. www.tapies.com, Di–So 10.00–19.00 Uhr, Eintritt 8 €, Metro L2, L3, L4 Passeig de Gràcia

ESSEN & TRINKEN

③ Fischliebhabern sei das Restaurant **La Paradeta** empfohlen. Es gibt an den Tischen keine Speisekarte, man sucht sich hier, bevor man Platz nimmt, selbst einen Fisch aus. Das Gewicht bestimmt den Preis, im Allgemeinen ist das Preis-Leistungs-Verhältnis sehr gut. Erschrick nicht vor der langen Schlange: Hier kann man nicht reservieren, doch meistens kommt man sehr schnell dran.

Passatge de Simó 18, Tel. 934500191, www.laparadeta.com, Di–So 13.00–16.00 und 20.00–23.30 Uhr, Preis 15 €, Metro L2, L5 Sagrada Família

④ **Granja Petitbo** ist eines jener Cafés, in denen man stundenlang sitzen, in Ruhe ein Buch lesen und dabei einen Teller Suppe oder einen frisch gepressten Saft genießen kann. Das im Vintagestil gehaltene Interieur mit den großen Tischen, den leuchtend gelben Retrolampen, einer Weltkarte an der Wand und sogar einem Schaukelstuhl ist großartig. Toll zum Brunchen am Wochenende.

Passeig Sant Joan 82, Tel. 932656503, www.granjapetitbo.com, Mo–Mi 9.00–23.30, Do, Fr 9.00–24.00, Sa 10.00–24.00, So 10.00–23.30 Uhr, Preis Tagesmenü 10 €, Metro L4 Girona

⑤ Burger und Hotdogs in allen Formen und Größen, mit den leckersten Zutaten und Soßen. Es ist kein besonders gesundes Essen, aber sehr lecker. Auch die anderen Snacks bei **Bonita Street Food** sind großartig. Käseliebhaber sollten die typischen venezolanischen Tequeños probieren und die Nachos sind köstlich. Vergessen Sie nicht, eine schöne Portion Fritas als Beilage zu bestellen.

Carrer de Bailèn 104, Tel. 934765189, Mo–Do 17.00–24.00, Fr 17.00–1.00, Sa 11.00–1.00, So 11.00–24.00 Uhr, Preis 9,75 €, Metro L4, L5 Verdaguer

⑥ Das Restaurant **Casa Calvet** befindet sich in dem gleichnamigen Wohnhaus, das Ende des 19. Jahrhunderts von Antoni Gaudí im Auftrag eines katalanischen Textilmagnaten entworfen wurde. Daher auch der Buchstabe C über dem Eingang. Hier dinierst du in einem modernistischen Setting mit elegantem Flair. Der Schwerpunkt der Küche ist mediterran, doch ergänzt Küchenchef Miquel die Gerichte gerne um internationale Elemente.

Carrer de Casp 48, Tel. 934124012, www.casacalvet.es, Mo–Sa 13.00–15.30 und 20.30–23.00 Uhr, Preis 28 €, Metro L1, L4 Urquinaona

18

4

18

22

28

22

4
meet the locals

⑬ Das **Boca Grande** ist als eines der angesagtesten Restaurants in ganz Barcelona bekannt. Die spektakuläre Innenausstattung trägt sicherlich dazu bei. An den Wochenenden legt normalerweise ein DJ auf, und nach dem Abendessen kann man sofort Cocktails genießen. Das Restaurant verfügt auch über eine Terrasse, auf der man in aller Ruhe zwischen Bananenstauden sitzen kann. Im Obergeschoss befindet sich die ebenso glamouröse Schwester Boca Chica.
Passatge de la Concepció 12, bocagrande.cat, Tel. 934675149, Mo–So 13.00–24.00 Uhr, Preis 29 €, Metro L3, L5, L6, L7 Diagonal

⑱ **El Nacional,** eine Foodhall, ist in einem alten Parkhaus untergebracht. In der Halle gibt es verschiedene Lokale mit dazugehörigen Sitzbereichen: Es gibt Fleisch, Fisch, Tapas, aber auch Torten und sogar eine Austernbar. Das Interieur ist grandios. Prima für einen Kaffee oder einen Cocktail.
Passeig de Gràcia 24 bis, Tel. 935185053, www.elnacionalbcn.com, So–Mi 12.00–2.00, Do–Sa 12.00–3.00 Uhr, Preis abhängig vom Restaurant, Metro L2, L3, L4 Passeig de Gràcia

⑳ Das **Greenhouse** ist ein stilvolles Restaurant im Hotel Pulitzer, in dem du, wie der Name schon sagt, eine köstliche Mahlzeit im Grünen genießen kannst.Wohin man schaut, stehen und hängen Pflanzen. Außerdem gibt es viel Licht, Holztische und -böden, schöne geflieste Säulen und schönes Geschirr. Auf der Speisekarte stehen hauptsächlich mediterrane Gerichte, zubereitet mit frischen und gesunden Produkten, darunter viel Gemüse. Es gibt auch eine kleine Terrasse.
Carrer de Bergara 8, www.hotelpulitzer.es/en/fooddrinks/the-greenhouse-restaurant, Tel. 934636116, Mo–Fr 13.00–16.00, Sa–So 13.30–16.30 Uhr, Preis 30 €, U-Bahn L3 Liceu

㉒ Das **Cosmo** ist Café und Galerie zugleich. Auf der Karte stehen ausgefallene Säfte und hausgemachte Speisen, zubereitet mit Produkten aus der Region. An der Wand hängt moderne Kunst, regelmäßig finden Ausstellungen statt.
Ein wunderbarer Ort für ein ausgiebiges Mittagessen.
Carrer Enric Granados 3, Tel. 931057992, www.galeriacosmo.com, tgl. 10.00–22.00 Uhr, Preis 6 €, Metro L1, L2 Universitat

㉗ Zu **Colmado** geht man am besten, um ein Glas Wermut oder Wein zu trinken, natürlich kann man dazu auch eine Kleinigkeit essen, etwa Bravas mit Knoblauch und Öl, Manchego, Oktopus oder Thunfischtatar. An den Wänden hängen gerahmte Ansichten von Barcelona und mit Weinflaschen gefüllte Regale. Auf dem Tresen häufen sich die Dosen mit Delikatessen. In der Tapasbar herrscht oft geselliges Treiben.

Carrer de Provença 236, Tel. 931572508, www.colmadobcn.com, tgl. 10.30–1.00 Uhr, Preis Tapas ab 3,50 €, Metro L3, L5 Diagonal

㉘ Ungezwungen, charmant und mit fantastischem Essen: das ist Labalabusta. Chefköchin Ronit Stern kommt aus Israel, und das merkt man auch auf der Speisekarte: köstliche mediterrane Gerichte mit Einflüssen aus ihrem Heimatland und dem Maghreb. Das Restaurant hat einen industriellen Look mit viel Weiß. Schön ist, dass man direkt in die Küche sehen kann.

Carrer del Rosselló 180, Tel. 630082202, Mo–Di 13.00–23.00, Mi 13.00–23.30, Do 19.45–24.00, Fr 13.00–0.30, Sa 12.00–0.30, So 12.00–16.30 Uhr, 16,25 €, U-Bahn L3, L5, L6, L7 Diagonal

㉙ Das Konzept von **Parking Pizza** ist simpel: Ein schneller und leckerer Imbiss in hipper Umgebung mit industriellem Flair. In dieser Pizzabar kannst du aus neun Sorten Pizza und verschiedenen Desserts wählen. Allesamt ebenso geschmackvoll und mit den besten Zutaten hergestellt. Es gibt Gemeinschaftstische, eine Idee, die in kurzer Zeit in der Stadt sehr populär wurde.

Carrer de Londres 98, Tel. 936339645, www.parkingpizza.com, So–Do 13.00–16.00 und 20.00–23.00, Fr, Sa 13.00–16.00 und 20.00–24.00 Uhr, Preis 13,75 €, Metro L5 Hospital Clínic

㉚ In der **Bar Velódromo** lassen sich auch die Locals gerne blicken. Im Gran Café bist du immer richtig, egal ob du frühstücken, zu Mittag, zu Abend oder eine Kleinigkeit zwischendurch essen willst. Auf der Karte stehen sowohl Tapas als auch klassische Gerichte. Die köstlichen Kroketten sind laut dem Küchenchef die meistverkauften Tapas des Restaurants. Auch der iberische Schinken, die Wurst und der Käse sind köstlich. Du kannst dort auch ein gutes Bier trinken.

Carrer de Muntaner 213, Tel. 93436022, barvelodromo.com, Mo–Do 12.00–1.00, Fr–Sa 12.00–2.00, So 12.00–1.00 Uhr, Preis 10 €, Metro L5 Hospital Clínic

□ good □t□rt of
the d□□

19
DR BLOOM
· D R · B L O O M ·
www.drbloom.es

19

(32) Der Name ist Programm: Im **Disfrutar** geht es um Genuss. Dieses Sterne-restaurant gilt als eines der besten Restaurants der Stadt. Mateu Casañas, Oriol Castro und Eduad Xatruch – alle ehemalige Küchenchefs bei El Bulli – präsentieren hier die Mittelmeerküche in einem ebenso informellen wie modernen mediterranen Setting. Unbedingt reservieren!

Carrer de Villarroel 163, Tel. 933486896, www.disfrutarbarcelona.com, Di–Sa 13.00–14.45 und 20.00–21.45 Uhr, Preis Feinschmeckermenü ab 120 €, Metro L5 Hospital Clínic

SHOPPEN

(7) Gib es zu: Ein altmodischer Lebensmittelladen ist doch viel charmanter als einer dieser frostigen Supermärkte, oder? In Barcelona existieren noch einige Tante-Emma-Läden, und **Colmado Múrria** ist ein echter Klassiker. Das Geschäft gibt es bereits seit über 100 Jahren, und man ist hier nach wie vor richtig, wenn man Delikatessen kaufen möchte.

Carrer de Roger de Llúria 85, www.murria.cat, Di–Fr 9.00–14.00 und 17.00–20.30, Sa 10.00–14.00 und 17.00–20.00 Uhr, Metro L4 Girona

(12) Ein schöner Laden mit mehr als 150 Jahren Geschichte: **Santa Eulalia** ist der richtige Ort für alle, die Luxus und exklusive Marken lieben. Kleidung und Accessoires, von verschiedenen teuren Marken wie Chloe, Roate Burger Christensen und Balenciaga, werden wie in einem Museum präsentiert.

Passeig de Gràcia 93, www.santaeulalia.com, Mo–Sa 11–20 Uhr, Metro L3, L5, L6, L7 Diagonal

(19) Das fröhliche Kleidergeschäft **Dr. Bloom** befindet sich in einem alten Haus mit einer kleinen Kapelle, die für ein überraschendes Interieur sorgt. Es ist der perfekte Ort für Damenkleidung mit lustigen Aufdrucken, schönen Farben und aus bequemen Stoffen. Es gibt sowohl Freizeitkleidung als auch informelle Kleidung für den Arbeitsplatz, daneben schöne Accessoires.

Rambla de Catalunya 30, drbloom.es, Mo–Sa 11.00–20.00 Uhr, Metro L2, L3, L4 Passeig de Gràcia

(24) Barcelona und Schokolade sind untrennbar miteinander verbunden. Die erste Schokolade, die von Südamerika auf den europäischen Kontinent verschifft wurde, ging in Barcelona an Land. Es gibt in der Stadt mehrere ausgezeichnete Adressen für Schokolade, eine davon ist **Cacao Sampaka**. Gewöhnliche Tafeln, schöne Pralinen und andere Schokoladenversuchungen, z. B. mit Kräutern, Blumen, getrockneten Früchten. Achte auch auf die meist überaus originellen Verpackungen.

Consell de Cent 292, www.cacaosampaka.com, Mo–Sa 9.00–20.30 Uhr, Metro L2, L3, L4 Passeig de Gràciaa

(26) **Bimba y Lola** ist ein Bekleidungsgeschäft mit modischen Outfits für Frauen. Du findest hier avantgardistisches Design, schöne Materialien und luxuriöse Accessoires wie Taschen und Schmuck. Sehr empfehlenswert für alle, die auf der Suche nach ungewöhnlichen spanischen Produkten sind

Rambla de Catalunya 84, www.bimbaylola.com, Mo–Sa 10.30–21.00 Uhr, Metro L2, L3, L4 Passeig de Gràcia

(31) **Nordicthink** ist einer jener Läden, in denen man am liebsten alles mitnehmen würde, von den prächtigen Designermöbeln bis zu den ausgefallenen Kinderspielsachen. Wie der Name bereits andeutet, kommen die Sachen aus Skandinavien und das sieht man auch: geradlinig und modern, hie und da mit einem gewissen Retrotouch und einer warmen Ausstrahlung.

Carrer de Casanova 214, www.es.nordicthink.com, Mo–Fr 10.00–19.00, Sa 11.00–14.00 Uhr, Metro L5 Hospital Clínic

(34) Das Einkaufszentrum **Las Arenas** ist in einer ehemaligen Stierkampfarena untergebracht. Die Shoppingmall verfügt über sechs Stockwerke und außer Läden findest du hier auch das Rockmuseum und eine hypermoderne Sportschule. Von der Dachterrasse aus kannst du einen 360-Grad-Blick auf die Stadt genießen. Die ursprünglichen Außenmauern sind erhalten geblieben und das Innere ist ein architektonisches Meisterwerk geworden. Sieh dir zum Beispiel die modernen Rolltreppen an.

Plaça d'Espanya, www.arenasdebarcelona.com, Mo–Sa 10.00–21.00 Uhr, Metro L1, L3 Espanya

24
AO SAMPAKA

12

ROUTE 4

EL RAVAL & SANT ANTONI

INFOS ZUR ROUTE

Auf dieser mittellangen Route begegnet man einer bunten Mischung aus Bohemiens, Immigranten und Modefreaks. Hast du fürs Erste genug von Tapas? Dann gibt es hier genügend Alternativen für ein leckeres Frühstück, Mittag- oder Abendessen. Mach dich morgens auf den Weg, wenn du sehen magst, wie die Stadt erwacht. Dann ist der Markt noch nicht mit Touristen überfüllt.

DIE VIERTEL

Sobald du einen *Berber* (Herrenfriseur), Bollywoodfilmverleih oder Shoarma-Stand nach dem anderen sichtest, weißt du sofort, du bist in **El Raval** gelandet. El Raval („der Vorort") war im 14. Jahrhundert das erste Eingemeindungsprojekt Barcelonas. Von alters her ist es ein Einwanderungsviertel. Die ersten Neuankömmlinge stammten aus dem katalanischen Hinterland. Später suchten Immigranten aus ganz Spanien hier ihr Glück und seit mehreren Jahrzehnten sieht man hier auch viele ausländische Einwanderer.

Lange Zeit galt El Raval als Barcelonas verruchtestes *Barri* (Viertel). Mit der Öffnung des Museums für zeitgenössische Kunst **MACBA** im Jahr 1995 begann der Aufschwung des Viertels. Der Stadtteil bekam 2000 eine eigene Rambla, die sich zunehmend als Treffpunkt etabliert. Schmuddelige Straßen wurden hergerichtet und einige nicht bewohnbare Blocks abgerissen.

Zurzeit ist El Raval ein Hotspot für Bohemiens. Sie leben inmitten einer bunt gemischten Gesellschaft. Problemviertel und Modernität existieren hier nebeneinander. Wundere dich nicht, wenn du aus einem dunklen Gässchen kommst und urplötzlich vor einem Designerhotel stehst. Barcelonas Modefreaks bestimmen das Straßenbild. Die jahrhundertealten Klöster, die heute als Museen dienen, sowie die beliebten Terrassencafés und Restaurants sind Grund genug, nicht auf einen Besuch El Ravals zu verzichten.

BESCHREIBUNG ROUTE 4 (ca. 6,9 km)

Von der Metrostation Sant Antoni geht es zum gleichnamigen Markt 1. Dann weiter durch die Carrer del Comte d'Urgell. Ein Abstecher nach links in die Carrer de Sant Antoni Abat und wieder links in die Carrer de la Cendra führt dich zu JazzSí 2. Wenn du Hunger hast, biegst du an der Carrer del Parlament rechts ab, um zu mehreren schönen Restaurants zu gelangen 3 4 5 6. Ansonsten nimmst du ein Stückchen weiter die Carrer de la Cera nach links. Laufe anschließend rechts in die Carrer de les Carretes und an deren Ende links in die Carrer de Sant Pau 7. Folge dem Straßenverlauf bis zum Kreisverkehr, wo du dich links hältst, um sogleich den ersten Abzweig nach rechts zu La Monroe 8 zu nehmen, oder gehe rechts auf die Carrer de Sant Oleguer. Am Museu Marítim 9 geht es nach rechts zu streetart 10 oder nach links weiter auf die Carrer del Portal de Santa Madrona, bis du schließlich auf La Rambla 11 rauskommst. Biege links ab und folge der Carrer de Nou del Rambla, vorbei am Palau Guëll 12 13. An der Carrer de Sant Ramon läufst du nach rechts und gleich wieder rechts in die Carrer del Marquès del Barberà 14, die schließlich zur Carrer de la Unió 15 wird. Du gelangst wieder zur Rambla, auf der linken Seite befindet sich das Opernhaus, dahinter das Hotel España 16 17. Laufe weiter bis zum berühmten Mercat de Boquería 18 19 20. An der Carrer del Carme hältst du dich links 21. Betrete das Antic Hospital de la Santa Creu 22 durch dessen Hintereingang, sodass du an dessen Vorderseite an der Carrer del Hospital rauskommst, in die du rechts abbiegst 23. Anschließend geht es rechts in die Carrer de la Riera Baixa. Über die Carrer de la Riera Alta gelangst du zur Carrer de la Lluna und rechts auf die Carrer del Peu de la Creu, wo es einen charmanten Souvenirladen gibt 24. Die Straße mündet in die Carrer del Pintor Fortuny 25. Laufe weiter bis zur Carrer del Doctor Dou 26. Hier gehst du nach links. Wenn du dir einen wunderschönen Innenhof ansehen möchtest, halte dich an der Carrer dels Elisabets rechts 27. Dann wieder links ab und am Ende der Straße gibt es einen Laden mit leckerem Olivenöl 28. Alternativ biegst du wieder links ab und kommst auf dem Platz vor dem MACBA 29 und dem CCB 30 raus. Über die Carrer de Montalegra gelangst du zur Carrer de Valldonzella 31. Dieser folgst du nach links bis zur Carrer de Joaquín Costa, wo es auf beiden Seiten Shoppingmöglichkeiten gibt – bei Fantastik 32 oder Les Topettes 33. Gehst du geradeaus, gelangst du zur Ronda de Sant Antoni. Hier hältst du dich rechts, um die Tour an der alten Brauerei Moritz 34 zu beenden.

SEHENSWÜRDIGKEITEN

⑦ Die älteste Kirche in Barcelona ist die **Església Sant Pau del Camp**, die wahrscheinlich aus dem 9. Jahrhundert stammt. Zur Kirche gehört auch ein Kloster, das ein paar Jahrhunderte später gebaut wurde. Vor der Erweiterung der Stadt um das Viertel El Raval im 15. Jahrhundert befand sich Sant Pau del Camp inmitten von Äckern und Feldern.

Carrer de Sant Pau 101, Mo–Fr 9.30–12.30 und 15.30–18.30, Sa 9.30–12.30 Uhr, Eintritt 3 €, Metro L2, L3 Paral·lel

⑨ Im **Museu Marítim** erfährst du mehr über Barcelonas Vergangenheit, Gegenwart und Zukunft als Seefahrtsmacht. Die umfassende Schifffahrtskollektion ist in einem ehemaligen Gebäude der Reial Drassanes, der königlichen Schiffswerften, untergebracht. Das bedeutendste Ausstellungsstück ist der Nachbau des Schiffs von Don Juan de Austria, welches 1571 hier gefertigt wurde.

Avinguda de les Drassanes s/n, www.mmb.cat, tgl. 10.00–20.00 Uhr, Eintritt 10 €, So ab 15.00 Uhr gratis, Metro Drassanes

⑪ Im Kunst- und Kulturzentrum **Arts Santa Mònica** finden temporäre Ausstellungen zeitgenössischer spanischer und internationaler Künstler statt. Daneben werden Aktivitäten wie zum Beispiel Workshops angeboten. Das alte Kloster, in dem das Zentrum untergebracht ist, stammt aus dem 17. Jahrhundert.

Rambla Santa Mònica 7, www.artssantamonica.cat, Di–Sa 11.00–21.00, So, Feiertage 11.00–17.00 Uhr, Eintritt frei, Metro Drassanes

⑫ Der **Palau Güell** war Gaudís erste große Auftragsarbeit. Barcelonas Stammarchitekt baute das Palais von 1886 bis1889 im Auftrag seines guten Freundes Eusebi Güell. Geld spielte keine Rolle. Unter anderem wegen des spektakulären Interieurs – selbst die Dachterrasse gilt als architektonisches Highlight – wurde das Bauwerk im Jahr 1999 in die Liste des Weltkulturerbes der UNESCO aufgenommen.

Carrer Nou de la Rambla 3–5, Tel. 0934725775, www.palauguell.cat, April–Okt. Di–So 10.00–20.00 Uhr, Eintritt 12 €, Metro L3 Liceu

⑳ **Virreina Centre de la Imatge** ist ein Stadtpalais aus dem 18. Jahrhundert mit zahlreichen barocken Elementen, in dem Wechselausstellungen stattfinden.

9

29

12

12

Die im Erdgeschoss stattfindenden Expositionen zeitgenössischer Kunst sind mitunter kostenlos zu besichtigen. Im Informationszentrum erfährst du alles rund um die kulturellen Termine und das Museumsangebot der Stadt.
La Rambla de Sant Josep 99, ajuntament.barcelona.cat/lavirreina/en, Di–Fr & So 11.00–20.00, Sa 12.00–20.00 Uhr, Eintritt frei, Metro L1, L3, L6, L7 Catalunya

㉘ Mitten in El Raval liegt das jahrhundertealte, ehemalige Krankenhaus **Antic Hospital de la Santa Creu**. Hier verstarb der Künstler Antoni Gaudí im Jahr 1929, nachdem er von einer Trambahn überrollt worden war. Bis zum Ende des 19. Jahrhunderts wurden hier auch Waisenkinder betreut und erzogen. Heute beherbergt das Gebäude die katalanische Nationalbibliothek sowie das Institut für katalanische Studien. Die Kapelle wird für Wechselausstellungen genutzt. Das alte Krankenhaus ist einer der best erhaltenen gotischen Komplexe der Stadt.
Carrer de l'Hospital 56, Kapelle Di–Sa 12.00–14.00 und 16.00–20.00, So 12.00–15.00 Uhr, Metro L3 Liceu

㉙ Das **Museu d'Art Contemporani de Barcelona (MACBA)** ist ein markantes Gebäude aus dem Jahr 1995. Es wurde vom amerikanischen Architekten Richard Meier entworfen, der auch das Rathaus von Den Haag erbaut hat. Der Museumsvorplatz ist aufgrund der Rampen und des rollstuhlfreundlichen, marmornen Eingangsbereichs als Hotspot für Skater bekannt. Auf der Webseite findest du Informationen zu den Wechselausstellungen.
Plaça dels Àngels 1, www.macba.cat, 25. Sept.–24. Juni Mo & Mi–Fr 11.00–19.30, Sa 10.00–20.00, So 10.00–15.00, 25. Juni–24. Sept. Mo & Mi–Fr 11.00–20.00 Uhr, Eintritt 10 €, Sa 16–20 Uhr frei, Metro L1, L2 Universitat

㉚ Das Gebäude, in dem sich das **Centre de Cultura Contemporània de Barcelona (CCCB)** befindet, existiert hier bereits seit dem 18. Jahrhundert. In diesem Komplex aus Auditorien, Konferenz- und Ausstellungsräumen stehen regelmäßig Veranstaltungen auf dem Programm, deren Themen stets im Zusammenhang mit der Stadt stehen. Am ersten Sonntag eines Monats kann man auch die Aussichtsplattform des Gebäudes besuchen.
Carrer de Montalegre 5, www.cccb.org, Di–So 11.00–20.00 Uhr, Eintritt Ausstellung 6 €, Metro L1, L2 Universitat

ESSEN & TRINKEN

③ **Els Sortidors del Parlament** ist eine wunderbare Bodega, in der man nicht nur Wein und andere Delikatessen kaufen, sondern es sich selbst an einem der alten Weinfässer gemütlich machen kann, um ein Gläschen und einen Happen zu bestellen. Auch Weinproben gehören zum Programm. Kein Weinliebhaber? Biertrinker finden bei Els Sortidors ebenfalls besondere Produkte vor.

Carrer de Parlament 53, Tel. 934411602, Mi–So 12.00–24.00 Uhr, Preis Glas Wein ab 3 €, Metro L2 Sant Antoni

⑤ Einer der größten Pluspunkte der **Bar Calders** ist zweifellos die fantastische Terrasse. Das Restaurant an sich ist nichts Besonderes, aber draußen lässt es sich wunderbar verweilen. Hier kannst du dir einfach ein Sandwich bestellen, aber auch leckere Salate, Snacks wie Hummus, Nachos mit Guacamole oder größere Gerichte wie zum Beispiel *Quesadillas*.

Carrer de Parlament 25, Tel. 933299349, Mo–Do 17.00–2.00, Fr 17.00–2.30, Sa 11.00–2.30, So 11.00–0.30 Uhr, Preis 10 €, Metro L2 Sant Antoni

⑥ Originelle Tapas und Gerichte zum Teilen; hier schmeckt alles gleich gut. Probiere z. B. die Bravas des Hauses, die Tintenfischringe mit Limette und die Nachos mit Trüffel-Cheddar. Draußen gibt es eine schöne Terrasse, aber auch drinnen sitzt du angenehm. **El Mamón** hat eine industrielle und doch warme Atmosphäre. Vor allem am Wochenende ist es hier gemütlich und man kann direkt vom Abendessen zum Cocktail wechseln.

Passatge de Pere Calders 2, elmamon.restaurant, Tel. 934417662, Mo–Do & So 12.00–24.00, Fr–Sa 12.00–2.30 Uhr, Preis 11,70 €, Metro L2 Sant Antoni

⑧ Das neue Gebäude der Filmoteca de Catalunya wurde 2012 eröffnet, nur einen Steinwurf entfernt von der Rambla del Raval, Bei Locals wie Touristen sehr beliebt ist das Restaurant **La Monroe**, welches sich im Erdgeschoss befindet. Das originelle Interieur vermittelt einem auch drinnen das Gefühl, draußen zu sein. Sehr gutes Preis-Leistungs-Verhältnis und leckeres mediterranes Essen. Auch eine nette Adresse für eine Tasse Kaffee oder einen Drink.

Plaça de Salvador Seguí 1, Tel. 934419461, www.lamonroe.es, Mi–Do & So 12.30–23.30, Fr–Sa 12.30–1.00 Uhr, Preis 12 €, Metro L2, L3 Paral·lel

5

6

13
MY FUCKING RESTAURANT
TAPAS Y PLATILLOS.
TAPAS Y PLATILLOS.
RB

Els Sortidors del Parlament

6
mamón

5

8

21

⑬ Man würde es bei diesem Namen nicht unbedingt vermuten, doch im stimmungsvollen **My Fucking** isst man unglaublich gut. Serviert werden kreative, von der spanischen und italienischen Küche inspirierte Tapas, die einem das Wasser im Mund zusammenlaufen lassen. Die Ossobuco-Kroketten sind Pflicht, unbedingt probieren musst du auch den Tintenfisch und die Burrata. Für größere Gesellschaften gibt es einen Raum im Erdgeschoss, wo du auch die schöne Küche findest. Die Kräuter kommen direkt aus dem Gemüsegarten im Patio.

Carrer Nou de la Rambla 35, www.myfuckingrestaurant.com, Tel. 936397827, Mo & Do–Fr 19.00–23.00, Sa–So 13.00–16.00 & 19.30–23.00 Uhr, Preis 10 €, Metro L3 Drassanes

⑭ Im **Trópico** wähnt man sich in tropischen Sphären. Der Einrichtungsstil des Restaurants ist eine Kombination aus Vintage und modern mit sehr viel Grün. Die Gerichte sind von der lateinamerikanischen Küche inspiriert, überaus bunt und zu 100 Prozent instagramtauglich. Top: der Brunch am Wochenende.

Carrer del Marquès de Barberà 24, Tel. 936677552, www.tropicobcn.com, Mo–Fr 13.00–16.00, Sa–So 9.00–10.30 & 13.00–16.00 Uhr, Preis 12 €, Metro L2, L3 Paral·lel

⑮ Auf der einen Seite der **Bar Cañete** sitzt man in einer Art Kneipe, auf der anderen an elegant gedeckten *mesas* (Tischen). In der Bar bestellt man Tapas, für ein ausgiebigeres Abendessen ist man hingegen im Restaurant an der richtigen Adresse. Auf beiden Speisekarten stehen exklusive katalanische Gerichte wie Austern und *bogavante* (Hummer).

Carrer de la Unió 17, Tel. 932703458, www.barcanete.com, Mo–Sa 13.00–24.00 Uhr, Preis 30 €, Metro L3 Liceu

㉑ Bei **Chök** dreht sich alles um Schokolade und Donuts. Diese moderne Konditorei ist in einer altmodischen Schokoladenfabrik mit modernistischen Details untergebracht, und allein die Einrichtung ist fantastisch. Alle Süßigkeiten sind hier wunderschön ausgestellt. Wetten, dass dir das Wasser im Mund zusammenläuft?

Carrer del Carme 3, www.chok.shop, Tel. 933042360, Mo–So 8.00–21.00 Uhr, Preis 6,10 €, Metro L3 Liceu

(23) Jemand, der im Spanischen die Dinge *a su bola* macht, ist eigensinnig. Bei **A tu bola** bekommt dieser Ausdruck eine völlig andere Bedeutung: Hier geht es buchstäblich um den *bola*, den Ball. In diesem gesunden Fast-Food-Restaurant bestellt man sich einen oder mehrere „Bällchen" – du kannst wählen zwischen Hackfleisch, Garnelen, Hühnchen oder vegetarisch – in Kombination mit einem Stück Pitabrot oder einem kompletten Gericht.

Carrer de l'Hospital 78, Tel. 933153244, www.atubolarest.com, tgl. 12.00–22.30 Uhr, Preis 7 €, Metro L3 Liceu

(25) Im angesagten Laden **Caravelle** im Herzen von Raval kannst du morgens ausgiebig brunchen – zum Beispiel Eier Benedict mit Guacamole und Cherrytomaten – und abends leckere Cocktails trinken. Über allem schwebt eine relaxte, urbane Atmosphäre.

Carrer del Pintor Fortuny 31, Tel. 933179892, www.caravelle.es, Mo–Fr 9.30–17.00, Sa–So 10.00–17.00 Uhr, Preis 10 €, Metro L3 Liceu

(26) Traditionelle Gerichte, zubereitet mit Zutaten und Techniken aus der Vergangenheit, präsentiert als moderne Tapas: Das ist, kurz gesagt, das Konzept von **Dos Pebrots**. Küchenchef Albert Raurich arbeitete zuvor in renommierten Restaurants wie Els Pescadors und El Bulli von Ferran Adrià. Mit Dos Pebrots entführt er dich in die gastronomische Vergangenheit Kataloniens und zeigt dir, wie schmackhaft sie auch im Jahr 2022 noch ist.

Carrer del Dr. Dou 19, www.dospebrots.com, Tel. 938539598, Mo–So 13.00–15.00 & 20.00–22.00 Uhr, Preis 15,90 €, Metro L2 Sant Antoni 27

(27) **Bar Central** ist eine versteckte Oase mitten in der Stadt. Sie ist in einem alten Klostergarten untergebracht, neben dem Buchladen La Central. Umgeben von Pflanzen und Blumen kannst du hier Kaffee trinken, etwas essen oder ein Eis verspeisen. Achte auf die schöne Mosaikbank. Sehr beliebt bei den Locals!

Carrer d'Elisabets 6, Tel. 653190083, barcentral.bar/carta, Mo–Do 10.30–23.00, Fr–Sa 10.30–00.30, So 12.00–20.30 Uhr, Preis 7 €, Metro L1, L3 Plaça Catalunya

chök
chök

18
MERCAT
St JOSEP
LA BOQUERIA

18

24

33

SHOPPEN

① Der **Mercat de Sant Antoni** ist einer der besten Märkte für frische Lebensmittel. Jeden Sonntagvormittag verwandelt sich das Terrain rund um die alte Markthalle Sant Antoni in einen Ort, wo Bücher, Briefmarken, Videogames, Comics, Filme, Zeitschriften und Ansichtskarten – alte wie neue – ihre Besitzer wechseln.
Mercat de Sant Antoni, www.mercatdesantantoni.com, Mo–Sa 8.00–20.30 Uhr, Metro L2 Sant Antoni, L1 Urgell

⑱ Der **Mercat de Boquería** ist der berühmteste Markt Barcelonas. Bereits im 13. Jahrhundert haben hier Metzger ihr Frischfleisch feilgeboten. Glücklicherweise ist die Boquería noch nicht dem eigenen Erfolg zum Opfer gefallen: Die frischen Tapas und typischen Produkte mussten bisher nicht den ansonsten allgegenwärtigen T-Shirts mit spanischem Stier oder Plastikfächern weichen.
La Rambla 91, www.boqueria.info, Mo–Sa 8.00–20.30 Uhr, Metro L3 Liceu

㉔ Suchst du nach einem Geschenk? Dann bist du bei **Grey Street** richtig. Originelle Notizblöcke, Karten, Bilder, Schmuck, Accessoires, Geschirr und Dekoartikel: Die meisten Gegenstände wurden von lokalen Designern gefertigt. Ob man nun eher auf hip oder romantisch steht, hier wird wirklich jeder fündig.
Carrer Peu de la Creu 25, www.greystreetbarcelona.com, Mo–Sa 11.00–15.00 & 16.00–20.00 Uhr, Metro L2 Sant Antoni

㉘ Das Olivenölgeschäft **La Chinata Oleoteca** bietet köstliches Olivenöl zu einem günstigen Preis. Du findest hier auch andere kulinarische Produkte wie Dressings, Pasteten, Kräuter und Marmeladen sowie Schönheitsprodukte auf der Basis von Olivenöl. Ein perfekter Ort, um Geschenke für zu Hause zu finden.
Carrer dels Angels 20, www.lachinata.es, Mo–Fr 10.00–21.00, Sa 12.00–19.00 Uhr, Metro L4 Barceloneta

㉛ **Holala Plaza** ist zweifellos der spektakulärste Vintageshop in El Raval. Im Laden findest du Secondhandkleidung, Loungesofas und Retro-Wohnaccessoires. Auch eine außergewöhnliche Kollektion an Büchern gibt es hier.
Plaza Castilla 2, Tel. 933020593, www.holala-ibiza.com, Mo–Sa 11.00–21.00 Uhr, Metro L1, L2 Universitat

㉜ Der bizarre Bazar **Fantastik** hat sich all den Dingen verschrieben, die Haus und Leben schöner machen. Die Palette reicht von indianischen Kleiderständern und bulgarischen Spielkarten bis zu türkischen Schüsseln und Tässchen.
Carrer de Joaquín Costa 62, www.fantastik.es, Mo–Fr 11.00–14.00 und 16.00–20.00, Sa 11.00–15.00 und 16.00–21.00 Uhr, Metro L1, L2 Universitat

㉝ Der kleine Laden **Les Topettes** ist bis oben hin voll mit exklusiven Pflegeprodukten. Durch die Vintage-Einrichtung erinnert er an eine altmodische Apotheke. Neben schön verpackten Seifen und luxuriösen Handcremes werden auch Kerzen und ein wenig Geschirr verkauft.
Carrer de Joaquín Costa 33, Tel. 0935005564, www.lestopettes.com, Mo 16.00–21.00, Di–Sa 11.00–14.00 und 16.00–20.00 Uhr, Metro L1, L2 Universitat, L2 Sant Antoni

FREIZEITTIPPS

② **JazzSí** ist ein bei den Einheimischen beliebter Ort, um Livemusik zu hören. Wie der Name schon andeutet, wird hier vornehmlich Jazz gespielt, aber auch Flamenco, Salsa oder Rock. Im Ticket ist meist ein Getränk inbegriffen.
Carrer de Requesens 2, www.tallerdemusics.com/jazzsi-club, Öffnungszeiten abhängig von den Konzerten, siehe Webseite, Eintritt ab 8 €, Metro L2 Sant Antoni

④ Es mag altmodisch klingen, Wermut zu trinken, aber in Barcelona ist es ein echter Trend. Das Getränk wird vorzugsweise am Sonntagmorgen bestellt, vor der umfangreichen Mittagsmahlzeit. Das Viertel **Sant Antoni** ist hervorragend geeignet, um es auszuprobieren. Schöne Adressen sind Bar Calders, Amigó Cascarilles und Las Vermudas.
Carrer del Parlament, Durchschnittspreis 3 €, Metro L2 Sant Antoni

⑩ Die drei Schornsteine, die dem Graffiti-Park **Jardins de les Tres Xemeneies** seinen Namen geben, erinnern daran, dass sich hier einst das spanische Energieunternehmen Endesa befand. Heute findet man fantastischste Straßenkunst und Skater. An Samstagen kannst du den Slow-Food-Markt **Mercat de la Terra** auf dem Gelände besuchen.
Avinguda del Paral.lel 49, tgl., Metro l3 Drassanes

□treet□rt

ROUTE 5

VILA OLÍMPICA & POBLE NOU

INFOS ZUR ROUTE

Mit 15 Kilometer Länge ist diese Tour schon eine ordentliche Wanderung, doch Designfans werden sich dabei kein bisschen langweilen. Das Flair dieser beiden Viertel unterscheidet sich völlig von dem der restlichen Stadt. Auf der Rambla del Poblenou lernst du das unverfälschte Barcelona kennen – hier kann man sehr gut essen. Die Route eignet sich (teilweise) auch prima für das Fahrrad. Bedenke aber, dass es hier so manche Einbahnstraße gibt. Dort kannst du das Rad einfach ein Stückchen den Gehsteig entlangschieben.

DIE VIERTEL

Wenn du von La Barceloneta an der Küstenlinie entlang nach Norden schaust, kannst du in der Ferne Barcelonas Twin Towers ausmachen. Die Wolkenkratzer sind Teil der **Vila Olímpica** („Olympisches Dorf"), welche anlässlich der Sommerspiele von 1992 angelegt wurde. In diesem Viertel kannst du in exklusiven Clubs auf bequemen Bänken loungen. Sonntagnachmittags, wenn halb Barcelona am Kai flaniert, wimmelt es nur so von Menschen.

Ein Stück weiter befindet sich das ehemalige Industrieviertel **Poble Nou**, das in den letzten Jahren einen kompletten Gesichtswandel durchlebte. Antike Fabrikhallen wurden in Designlofts oder Ateliers verwandelt, und an der **Avinguda Diagonal** schoss ein modernes architektonisches Meisterwerk nach dem anderen in die Höhe, etwa der prägnante **Torre Agbar**, welcher den Anfang des innovativen Viertels markiert. Dahinter erstreckt sich **22@**, Barcelonas technischer Distrikt und der Hotspot für Start-ups.

Mit den hippen ITlern und jungen Unternehmern kommen auch immer mehr moderne Esslokale in das Viertel. Hier kann man auch gut brunchen. Die Erneuerung, die gerade im Gang ist, steht in scharfem Kontrast zum alten Zentrum desselben Viertels: **La Rambla del Poblenou**. Dort spürst du die ursprüngliche

BESCHREIBUNG ROUTE 5 (ca. 16,2 km)

Von der Metrostation Ciutadella-Vila Olímpica läufst du zum Port Olímpic, wo es alles Mögliche zu tun gibt, zum Beispiel ein Spielchen wagen oder auch ein Segelboot mieten 1 2. Von hier geht es weiter in Richtung Strand 3, direkt am Meer gibt es schöne Einkehrmöglichkeiten 4 5. Anschließend nimmst du die Carrer de Llacuna nach links, um den Skatepark 6 und einen ganz besonderen Friedhof 7 zu besuchen. Dann biegst du rechts in die Carrer de Ciutat de Granada 8 9 10 ein und dann wieder links auf die Carrer de Pujades, um sofort wieder rechts auf die Carrer de Badajoz 11 abzubiegen. Anschließend wieder links in die Carrer de Almogàves. Gehe links in die Carrer de Pamplona. Gönn dir nun eine Kaffeepause und ein leckeres Mittagessen in der Carrer de Tànger 12. Von hier aus siehst du bereits das Auditorium 13. Spaziere dorthin und dann links zur Gran Via und rechts in die Carrer de la Marina, wo es herausragende Tapas 14 gibt, dann weiter zur Stierkampfarena 15. In entgegengesetzter Richtung gelangst du zur Plaça Glòries 16 17 18. Passiere das Einkaufszentrum in Richtung Rambla del Poblenou, um sehr lecker bei Els Tres Porquets 19 zu essen. Folge der Rambla del Poblenou und überquere die Avinguda Diagonal. An der Carrer de Sancho de Ávila gehst du nach rechts, dort befindet sich das Museu Can Framis 20 21. Kehre um und biege rechts in die Avinguda Diagonal. Biege links in die Carrer de la Llacuna 22 ein. Geh zur Carrer de Pallars, biege rechts ab und dann links in die Carrer Roc de Boronat 23. Kehre um bis zur Kreuzung mit der Carrer de Pujades: Hier gehst du nach links 24. Folge ihr bis zur Rambla del Poblenou 25. Biege dann nach rechts ab in die Carrer de Pallers, um am ersten Abzweig wieder nach rechts zu gehen. In der Carrer de Marià Aguilo kannst du prima shoppen oder einen Cocktail trinken 26 27. Oder geh weiter zur Carrer de Lope de Vega für Streetart 28. Zum Brunch rechts in die Carrer de Llull einbiegen 29 oder bis zur Carrer de Ramon Turró 30 laufen. Zurückgehen zur Carrer de Marià Aguiló, um leckere Tapaszu bestellen 31. Am Ende der Straße biegst du links in die Carrer de Taulat und optional rechts in die Carrer de Vidal i de Valenciano, um dir fantastischen Fisch 32 zu bestellen. Ansonsten folgst du dem Passeig del Taulat bis zur Carrer de Bac de Roda, um dort nach links und sogleich wieder rechts in die Carrer dels Pellaires 33 und anschließend links in die Carrer de Provençals zu La Escosesa 34 abzubiegen. Kehre zum Passeig de Taulat zurück und folge dem Straßenverlauf bis zum Parc del Fòrum 35 36.

SEHENSWÜRDIGKEITEN

① Barcelonas **Port Olímpic** ist der Sporthafen, der anlässlich der Olympischen Spiele von 1992 angelegt wurde. Das Hafengebiet lädt zum Spazierengehen ein. Lass dabei den Blick über die davorliegenden Schiffe und das Meer schweifen. Auch den Fischern kannst du bei der Arbeit zusehen.

Port Olímpic, Metro L4 Ciutadella-Vila Olímpica

⑦ Der **Cementiri de l'Est** wurde 1773 gegründet und ist somit der älteste Friedhof Barcelonas. Sehr beeindruckend sind die Mausoleen der reichen Städter, aber auch die übereinanderliegenden Gräber, die mit Blumen, Fotos und, in unseren Augen, kitschigen Objekten dekoriert sind.

Carrer del Taulat 2, Mo & Di–Sa 9.00–13.00 & 15.00–17.00, So 9.00–13.00 Uhr, Eintritt frei, Metro L4 Llacuna

⑬ In dem von Rafael Moneo entworfenen Auditorium kann man nicht nur Konzerte besuchen, sondern auch das **Museu de la Música**. Es verfügt über eine breite Sammlung von Instrumenten und Musikdokumenten. Insbesondere die Gitarrensammlung ist einen Besuch wert.

Carrer de Lepant 150, ajuntament.barcelona.cat/museumusica, Di, Mi, Fr 10.00–18.00, Do 10.00–21.00, Sa, So 10.00–19.00 Uhr, Eintritt 6 €, Metro L1 Marina

⑮ Obwohl Stierkämpfe seit 2011 in Barcelona verboten sind, kann man noch immer die Arena **La Monumental** besichtigen. Im kleinen Museum erfährst du einiges über die *torros* und *toreros*. Die Arena wurde im modernistischen Stil errichtet und fällt durch ihre neomaurischen Elemente auf.

Gran Vía de les Corts Catalanes 749, www.monumental-club.com, Mo–Sa 10.00–14.00 und 16.00–20.00, So 11.00–13.00 Uhr, Eintritt 6 €, Metro L2 Monumental

⑰ 2011 wurde das **Disseny Hub (DHUB)** eröffnet. In dem Gebäude, dessen Form an einen Tacker erinnert, sind das Museum für Gestaltung und das Textilmuseum untergebracht. Neben der ständigen Sammlung werden auch viele Sonderausstellungen gezeigt und Aktivitäten organisiert.

Plaça de les Glòries 37–38, www.dissenyhubbarcelona.cat, Di–So 9.00–20.00 Uhr, Eintritt 5 €, Metro L1 Glòries

20

18

20

1

⑱ Die **Torre Agbar** ist das Paradebeispiel für Barcelonas Streben nach Innovation und Erneuerung. Der 142 Meter hohe Wolkenkratzer mit 38 Stockwerken wurde von dem französischen Architekten Jean Nouvel entworfen. Die blauen und roten Lamellen werden abends mit LED-Lampen beleuchtet. Die Auftraggeber nannten ihn „Patronenhülse", doch der Volksmund hat für ihn, in Anspielung auf seine Form, deutlich unflätigere Namen gefunden.

Avinguda Diagonal 209–211, Mo–Fr 9.00–18.00 Uhr, Metro L1 Gloriès

⑳ Das **Museu Can Framis** ist der modernen katalanischen Kunst gewidmet. Untergebracht ist es in einem alten Fabrikgebäude, das auf besondere Weise umgebaut wurde. Nicht umsonst erhielten die Designer einen Architekturpreis der Stadt Barcelona.

Carrer de Roc Boronat 116, www.fundaciovilacasas.com, Di–Sa 11.00–18.00, So 11.00–14.00 Uhr, Aug., Sept. geschl., Eintritt 5 €, Metro L1 Glòries, L4 Llacuna

㉟ Das beeindruckende **Museu Blau** (Blaues Museum) verdankt seinen Namen seiner Gebäudefarbe und ist den Naturwissenschaften gewidmet. Auf dem 9000 Quadratmeter großen Areal, das sich über zwei Etagen erstreckt, kannst du dir die Dauerausstellung Planeta Vida („Planet Leben") ansehen. Mach dich auf zu einer Reise durch die Geschichte der Entwicklung des Lebens auf der Erde. Das Museum ist ein super Tipp für wissbegierige Kinder.

Carrer de Leonardo da Vinci 4, www.museuciencies.cat/es/visitanos/museu-blau, Di–Fr 10.00–17.00, Sa 10.00–19.00, So 10.00–20.00 Uhr, Eintritt 6 € (jeden 1. So im Monat ab 15 Uhr frei), Metro L4 El Maresme-Fòrum

ESSEN & TRINKEN

④ Direkt am Meer richtig gut essen, das geht im **Xiringuito Esribà** am Strand Bogatell. Das Restaurant wird von Joan Esribà geführt, dessen Vater Christian Esribà zu den bekanntesten Patissiers Spaniens zählt. Drinnen wie draußen sitzt man hier sehr komfortabel. Das Restaurant ist auf Reisgerichte spezialisiert und natürlich findet man auf der Karte auch einiges mit Fisch. Der perfekte Ort, um sich eine Paella zu bestellen.

Avinguda Litoral 62, www.xiringuitoescriba.com, Tel. 0932210729, tgl. 12.30–23.00 Uhr, Preis 20 €, Metro L4 Llacuna

⑤ **Vai Moana** gehört sicherlich zu den schönsten Strandbars von Barcelona. Gutes Essen, großartiges Setting, grandiose Vibes und richtig große Cocktails: Hier steht der Genuss an oberster Stelle. Nimm an einem der Tische oder auf den weißen Liegestühlen mit Sonnenschirm Platz.

Avinguda Litoral s/n, Tel. 608324350, www.panteabeach.com/en/vai-moana, April–Nov. tgl. 10.00–1.00 Uhr, Preis 14 €, Metro L4 Llacuna

⑨ **Can Dendê** ist eine charmante Bar, in der du ein leckeres Frühstück einnehmen kannst. Wähle aus vier Arten von Eggs Benedict und süßen oder herzhaften Pfannkuchen. Zum Mittagessen gibt es einfache, aber hervorragend zubereitete Gerichte, wie z. B. ein Pulled-Pork-Sandwich und einige köstliche brasilianische Spezialitäten.

Carrer de la Ciutat de Granada 44, candende.com, Tel. 930198297, Mo & Do–Fr 11.00–16.00, Sa–So 10.30–16.00 Uhr, Preis 10,50 €, Metro L4 Ciutadella Vila Olímpica

⑫ Originelle Sandwiches, lecker belegte Bagels, schmackhafte Hamburger und zum Nachtisch Käse- oder Karottenkuchen: Das hip eingerichtete **Carrot Café** gehört zu den besten Lunchadressen im technologischen Distrikt 22@ und ist bei den jungen Menschen, die in diesem Viertel arbeiten, sehr beliebt.

Carrer de Tànger 22, Tel. 933093375, www.carrotcafe.es, Di–Mi 9.00–17.00, Do 9.00–23.00, Fr 9.00–24.00, Sa 13.00–24.00 Uhr, Preis 10 €, Metro L1, L2 Glòries

⑭ Bei **GiGi** von Tapas kannst du tagsüber brunchen und später die leckersten Tapas-Gerichte bestellen. Die Terrasse vor der Tür ist gemütlich, aber auch drinnen sitzt man gut an den schönen Holztischen . Das Lokal hat einen trendigen Vintage-Look und ist bei den Einheimischen aus der Nachbarschaft beliebt.

Carrer de la Marina 189, gigivontapas.com, Tel. 932469028, Mo–Fr 12.00–23.00, Sa–So 10.00–23.00 Uhr, Preis 6 €, Metro L2 Monumental

⑲ **Els Tres Porquets** („Die drei kleinen Schweinchen") ist eine kleine Taverne, die bekannt ist für ihre fantastischen Tapasgerichte. Hier isst du garantiert frisch vom Markt und hast zudem die Auswahl aus einer großen Palette an Weinen. Neben der festen Karte gibt es immer auch ein paar Tagesgerichte.

Rambla del Poblenou 165, Tel. 933008750, www.elstresporquets.es, Mo–Sa 10.00–16.00 und 20.30–23.00 Uhr, Preis 15 €, Metro L1, L2 Glòries

5

30
ORXATERIA
EL TIO CHE
BEGUDES TÍPIQUES
ORXATES I GRANISSATS

5
yummm!

30

31

4

22

31
2
BLANC 11°

22

㉑ Vegetarisch und makrobiotisch essen kann man bei **Sopa** („Suppe"), einem hippen Laden mit vielen Holzelementen, Pflanzen und natürlichem Tageslicht. Veganer sind hier wunderbar aufgehoben. Das Tagesmenü ist prima und man kann hier draußen auf der Terrasse sitzen. Achtung: abends geschlossen!
Carrer de Roc Boronat 114, Tel. 933095676, www.sopa.vg/ca, Mo–Fr 8.00–19.00, Sa, So 10.00–17.00 Uhr, Preis 10 €, Metro L4 Llacuna

㉒ **Little Fern** ist ein kleiner, ungezwungener Frühstücks- und Lunchraum, der von der blühenden Kaffeekultur Neuseelands inspiriert ist. Es bietet gesunde Ernährung in Kombination mit Kaffeespezialitäten, Wellness-Latte, kaltgepressten Säften und Frühstückscocktails. Die Einrichtung ist einfach und hell.
Carrer de Pere IV 168, littleferncafe.com, Reservierung nicht möglich, tgl. 9.00–16.00 Uhr, Preis 8,25 €, Metro L1, L2 Clot

㉔ Das Angebot bei **Timesburg** reicht von Hamburgern mit verschiedenen Käsesorten bis hin zu Burgern mit japanischem, mexikanischem (pikant!) oder mallorquinischem Einschlag. Gutes Fleisch und gute Portionen.
Carrer de Pujades 168, Tel. 933285188, www.timesburg.com, So–Do 13.00–17.00 & 19.30–23.30, Fr–Sa 13.00–17.00 & 19.30–0.30, Uhr, Preis 7 €, Metro L4 Llacuna

㉕ **Can Recasens** ist eine Tapasbar, die richtig Laune macht. Draußen liegen einladend drapierte Kürbisse. Einmal drinnen weiß man nicht mehr, wo man zuerst hinschauen soll: Überall stehen, liegen und hängen Gemüse, Würste, Flaschen, getrocknete Peperoni und vieles mehr. Die Karte enthält vornehmlich Wurstwaren (*Embutidos*) und Käse. Die Bar ist auch bei den Locals überaus beliebt. Bitte beachte, dass eine Reservierung nur für eine bestimmte Zeiten gilt.
Rambla del Poblenou 102, Tel. 933008123, www.canrecasens.restaurant, Mo–Fr 21.00–1.00, Sa 13.30–16.00 & 20.00–1.00 Uhr, Preis 8 €, Metro L4 Poblenou

㉗ Das ehemalige Putzmittelgeschäft beherbergt heute die **Balius Bar.** Die Retro-Fassade ist erhalten geblieben, aber im Inneren dominieren eine stimmungsvolle Beleuchtung, Marmortische und braune Ledersofas. Dies ist der richtige Ort für einen Aperitif vor oder einen Cocktail nach dem Essen.
Carrer de Pujades 196, baliusbar.com, Tel. 933158650, Mo–Mi 18.00–1.00, Do 18.00–2.00, Fr–Sa 17.00–2.00, So 17.00–1.00 Uhr, Preis 9 €, Metro L4 Ciutadella Vila Olímpica

(29) Der industrielle Charakter des Stadtteils Poblenou spiegelt sich auch im **Nolita** wider. Die Brüder Ramiro und Rodolfo gründeten dieses Brunch-Lokal, nachdem sie Erfahrung u. a. in Brooklyn und Amsterdam gesammelt hatten. Im Zentrum steht die Qualität der Produkte, aus denen die vielleicht besten Brunchgerichte von ganz Barcelona entstehen. Auch schön: Man hat nie das Gefühl, dass man schnell wieder gehen muss.

Carrer de Llull 230, restaurantenolita.eatbu.com, Tel. 696260495, tgl. 9.00–17.00 Uhr, Preis 15 €, Metro L4 Ciutadella Vila Olímpica

(30) *Orxata* ist ein milchartiges spanisches Getränk, das aus Erdmandeln hergestellt wird. Für gewöhnlich bekommt man es in sogenannten *orxaterias*. Eine der bekanntesten Adressen in Barcelona ist **El Tío Ché** an der Rambla del Poblenou. Die Locals kommen reihenweise hierher, um Orxata zu bestellen. Außerdem gibt es hier herrliches Eis.

Rambla del Poblenou 44–46, Tel. 933091872, www.eltioche.es, Sommer tgl. 10.00–22.00, Winter Do–Di 10.00–14.00, 17.00–22.00 Uhr, Preis ab 2 €, Metro L4 Poblenou

(31) **La Pubilla del Taulat** gehört zu den authentischen Tapasbars des Viertels. In Momenten des Hochbetriebs herrscht hier meist geselliges Treiben. Der Laden wurde 1886 als Weinbodega eröffnet, seit Jahrzehnten werden in der Bar aber auch typisch spanische Häppchen serviert. Ein Teil davon ist in der Vitrine ausgestellt. Auf der Karte findet man vor allem Meeresfrüchte und Muscheln, aber auch andere Tapasgerichte.

Carrer de Marià Aguiló 131, Tel. 932253085, www.lapubilladeltaulat.com, Di–Fr 11.00–23.00, Sa, So 11.00–17.00 Uhr, Preis 6 €, Metro L4 Poblenou

(32) **Els Pescadors** ist als eines der gehobeneren Fischrestaurants der Stadt bekannt. Früher trafen sich hier die Fischer und Fabrikarbeiter aus Poble Nou in ihrer Mittagspause auf ein Gläschen Wein und eine Portion *pescaditos fritos*. Der Name dieses traditionellen Restaurants bedeutet wörtlich „die Fischer" und erinnert noch an diese Zeiten. Das Interieur ist bestimmt durch sehr viel Holz und Marmortische, und man kann auch draußen sitzen.

Plaça de Prim 1, Tel. 932252018, elspescadors.com, tgl. 13.00–15.30 & 19.45–22.30 Uhr, Preis 25 €, Metro L4 Poblenou

ITS SOUL GOOD
BREAKY N BRUNCH
SPECIALTY COFFEE
PRE ORDER ONLINE
FOR COLLECTION
OR
DELIVERY IN
POBLENOU

8

10

10

11

SHOPPEN

⑧ Liebhaber von gutem Design sollten unbedingt bei **BD Barcelona Design** vorbeischauen, wo Entwürfe lokaler und spanischer Interieurdesigner verkauft werden. Von Möbeln bis zu Accessoires bekommst du Dinge, die in keinem anderen Laden zu haben sind. An derselben Adresse gibt es auch ein Outlet.
Carrer de Ramon Turró 126, www.bdbarcelona.com, Mo–Do 9.00–18.00, Fr 9.00–14.00, Sa 11.00–20.00 Uhr, Metro L4 Llacuna

⑩ **Mietis** ist eine junge Luxusmarke, die sich auf Lederwaren spezialisiert hat. Sie wurde gegründet von der einheimischen Maria Fontanellas. Alles ist aus feinstem Leder von einem Familienbetrieb gefertigt, der seit 1954 hochwertige Produkte liefert. Auch der Laden selbst ist ein Fest für die Augen.
Carrer de la Ciutat de Granada 62c, mietistudio.com, Mo–Fr 10.00–20.00 Uhr, Metro L4 Ciutadella Vila Olímpica

⑪ In dem Concept Store **Espai Joliu,** der in einem ehemaligen Industriegebäude untergebracht ist, dreht sich alles um die Farbe Grün. Neben Pflanzen bekommst du hier auch leckeren Kaffee, Matchatee und herrliche Torten. Zudem verkaufen sie noch exklusive Bücher und schöne handgefertigte Keramikobjekte, zum Beispiel Blumentöpfe.
Carrer de Badajoz 95, Mo–Fr 9.00–16.00, Sa 9.30–16.00 Uhr, Metro L4 Llacuna

⑯ 2013 übersiedelte der Flohmarkt **Encants Barcelona** in ein spektakuläres neues Quartier mit futuristischem Dach. Das Prinzip des Markts ist dasselbe geblieben: Möbel, Restposten, Secondhandwaren und Antikes.
Encants Vells, www.encantsbcn.com, Mo, Mi, Fr, Sa 9.00–20.00 Uhr, Metro L1, L2 Glòries

㉓ Skandinavische Vintagemöbel und -objekte sind in Barcelona hoch im Kurs. Die Besitzer von **Noak Room**, Martin Noaksson und Dara Salas, haben ihre umfangreiche Kollektion an Möbelstücken und Objekten aus den 1950er-, 1960er- und 1970er-Jahren selbst sorgsam in Skandinavien zusammengesucht.
Carrer de Roc Boronat 69, Tel. 0933095300, www.noakroom.com, Di–Sa 11.00–15.00 und 17.00–20.00 Uhr, Metro L4 Llacuna

㉖ **De Peus a Terra** ist ein Schuhgeschäft für Kinder, in dem es Schuhwerk, Rucksäcke, Socken, Strumpfhosen und andere originelle Accessoires europäischer Marken gibt. Wie wäre es mit einem Rucksack in Form eines Dinosauriers, einem bunten Regenponcho und natürlich kleinen Tretern von Barrito, Munich oder Victoria? Der Laden selbst ist absolut kindgerecht: Es liegen dort Spiele und Bücher herum, und eine der Wände ist eine gigantische Tafel.
Carrer Marià Aguiló 44, Tel. 935660608, www.depeusaterra.com, Mo 10.00–19.30, Di–Fr 10.00–13.30 & 17.00–19.30, Sa 10.00–14.00 & 17.30–20.00, So 10.00–14.00 Uhr, Metro L4 Poblenou

FREIZEITTIPPS

② **Barcelona Sailing Day** bietet Segelausflüge vom Olympischen Hafen aus an. Wählen Sie zwischen einer ein- oder zweistündigen Tour, einer Tour bei Sonnenuntergang oder einer privaten Segeltour. Ideal, um den Menschenmassen zu entkommen und die Skyline zu genießen, während man auf dem Mittelmeer dümpelt. Getränke und Snacks sind an Bord.
Port Olímpic Escullera de Poblenou Local 5o, barcelonasailingday.com, Metro L4 Ciutadella-Vila Olímpica

③ Der **Strand von Poblenou** wurde kurz nach den Olympischen Spielen von 1992 angelegt. Dort ist es durchweg ruhiger als im Viertel Barceloneta, weshalb er auch von den Einheimischen gerne besucht wird. Zudem ist er ein ganzes Stück breiter. Hier gibt es trendige Strandbars und Volleyballnetze. Entlang des Boulevards lässt es sich sehr schön Rad fahren oder flanieren.
Passeig Marítim del Bogatell, Metro L4 Bogatell

⑥ Ein guter Tipp für unerschrockene Skater ist der **Parc del Poblenou** mit seinem speziellen Skaterpark. Für die Profis: Zum Üben gibt es dort eine *Streetzone*, einen *Snake Run* und einen *Pool*. Im Park kann man übrigens auch wunderbar spazieren gehen.
Parc del Poblenou, tgl. 10.00 Uhr bis Sonnenuntergang, Metro L4 Llacuna

26

11

ROUTE 6

GRÀCIA

INFOS ZUR ROUTE

In diesem von Touristen bislang relativ unentdeckten Arbeiterviertel kannst du dir ein Bild davon machen, wie die Locals leben. Natürlich dürfen Gaudís Park sowie sein erstes Gebäude auf der Tour nicht fehlen, und auch am Hospital de la Santa Creu i Sant Pau führt der Weg vorbei. Für alle, denen der Höhenunterschied zu schaffen macht, gibt es unterwegs genügend Bars und Terrassencafés, die sich für eine Pause anbieten. Auch an netten Boutiquen mangelt es nicht. Achtung: Die meisten Läden schließen von 14.00 bis 17.00 Uhr.

DAS VIERTEL

Obwohl Gaudís **Park Güell** auf der Must-see-Liste so manches Touristen steht, wird der Rest des Stadtteils, in dem er sich befindet, häufig übergangen. Gràcia gehört zu den wenigen Orten in der Innenstadt, wo sich noch die ursprüngliche Atmosphäre Barcelonas erfahren lässt. Ein Spaziergang durch dieses waschechte **Arbeiterviertel** vermittelt einen lebendigen Eindruck davon, wie die Katalanen, Gitanos/Roma, ausländischen Studenten und Künstler hier leben.
Früher war **Vila de Gràcia** ein Dorf im Norden der Stadt. Der **Passeig de Gràcia**, früher die Straße nach Gràcia, erinnert noch daran. Mit der Entstehung des Wohnviertels L'Eixample im 19. Jahrhundert wurde Gràcia vom stetig wachsenden Barcelona geschluckt.

Neben der mitten in Gràcia liegenden Casa Vicens befinden sich das **Hospital de la Santa Creu i Sant Pau** sowie Gaudís Park in der näheren Umgebung. Darüber hinaus bietet das Viertel keine echten touristischen Attraktionen, doch gibt es viele nette Läden und besondere Esslokale. Jeden Nachmittag gegen 17.00 Uhr kommen die Kinder aus der Schule und die Läden werden wieder geöffnet. Dann strömen die Anwohner auf die zahlreichen Plätze, halten ein Schwätzchen, setzen sich in ein Café oder erledigen ihre Einkäufe. Von jeher zieht das Viertel viele Künstler und jüngere Alternative an. An den Sommer-

BESCHREIBUNG ROUTE 6 (ca. 10,4 km)

Starte am Hospital de la Santa Cruz i Sant Pau 1 und gehe bergaufwärts in die Carrer de Cartagena, dann links in die Ronda del Guinardó und spaziere rechts in die Carrer de los Castillejos, die in die Carrer de Francesc Alegre übergeht. Über den Park und einen steilen Anstieg erreichst du den Aussichtspunkt Turó de la Rovira 2. Weiter über die Carrer de Mühlberg und die Carretera del Carmel. Keine Lust darauf? Dann laufe durch die Avinguda de la Mare de Déu de Montserrat, halte dich an der Plaça de Sanllehy rechts und gehe weiter über die Carrer del Miquel dels Sants Oliver in die Carrer de l Albert Llanas. Folge der Carretera del Carmel links bis zum Park Güell 3 4 und verlasse den Stadtpark über den Haupteingang. Folge der Carrer de Larrard 5 bis zu ihrem Ende, biege dann rechts in die Travessera de Dalt und nimm die Carrer de Verdi 6 nach links. Oder du gehst nach rechts in die Carrer de Santa Agata, die in die Carrer de les Carolines mündet, sodass du zur Casa Vicens 7 gelangst. Kehre um und biege rechts in die Carrer Gran de Gràcia und wieder rechts in die Rabla del Prat. Gehe nach links in die Carrer de Berga und folge ihr bis zum Markt 8. Laufe nach links in die Carrer Gran de Gràcia 9 und nimm die Carrer d'Astúries nach rechts, um zu shoppen 10 11. Danach rechts in die Carrer de Verdi, links zur 12, dann rechts zu 13 14. Um Wein zu kaufen, geht es rechts in die Carrer de la Perla, dann in die Carrer de Guilleries 15 16, dann halte dich links und gehe rechts in die Carrer de Torrijos. Anschließend geht es links in die Carrer de Terol und rechts in die Carrer del Torrent d'En Vidalet 17. An deren Ende gehst du rechts und anschließend links in die Carrer de Milà i Fontanals, um Tapas 18 19 zu essen oder über in die Carrer de Tordera zum Tapas-Laden an der Plaça del Raspall 20. Rechts abbiegen auf die Carrer de la Fraternitat und dann links in die Carrer de Siracusa, um eine glutenfreie Mahlzeit 21 einzunehmen. Oder geh bis zur Travessera de Gràcia 22 23 24, wo du links abbiegst. Weiter wieder links in die Carrer de Mariana Pineda, so gelangst du auf die alte Plaça de la Vila de Gràcia 25. Verlasse den Platz über die Carrer del Penedès und biege rechts in die Carrer del Torrent de l'Olla 26 zum charmanten Restaurant Gut 27 gelangst du links über die Carrer del Perill ab und wieder links in die Carrer de Venus 28. Am Ende der Carrer de la Llibertat 29 gehst du links bis zur Carrer Còrsega 30. Kehre um bis zur Carrer de Bonavista 31. Wenn du weiterläufst, kommst du an den Jardinets de Gràcia 32 33 raus. Überquere die Straße, dann gelangst du zur Carrer Sèneca 34.

SEHENSWÜRDIGKEITEN

① **Der Recinto Modernista de Sant Pau** ist der größte modernistische Komplex Kataloniens. Das Krankenhaus Hospital de la Santa Creu i Sant Pau wurde zwischen 1902 und 1930 nach dem Entwurf des Architekten Lluís Domènech i Montaner gebaut. Es besteht aus einem Hauptgebäude und 27 Pavillons. Diese sind durch unterirdische Korridore miteinander verbunden. Seit 1997 steht das Hospital auf der UNESCO-Weltkulturerbeliste, 2014 wurde es nach jahrelangen Renovierungsarbeiten wieder eröffnet. Im Rahmen einer Führung kannst du das fantastische Resultat bewundern. Das Gelände darf man auch auf eigene Faust erkunden.
Carrer de Sant Antoni Maria Claret 167, www.santpaubarcelona.org, April–Okt. Mo–Sa 10.00–18.30, So 10.00–14.30, Nov.–März Mo–Sa 10.00–16.30, So 10.00–14.30 Uhr, Eintritt 15 €, mit Führung 19 €, Metro L4 Hospital de Sant Pau

③ 1900 wurde Gaudí von seinem Freund Eusebi Güell beauftragt, die Gartenstadt Park Güell zu entwerfen. Der **Park Güell** ist ein Ort, an dem man sich vom städtischen Treiben erholen und das fantasievolle Erbe Gaudís bewundern kann. Die Straßen und die Promenade sind von natürlichen Formen inspiriert. Der große Platz mit Ausblick auf die Stadt und das Meer sollte als Freilufttheater dienen. Die dort stehende, mit bunten Mosaiksteinchen versehene, wellenförmige Bank macht ihn zu einem der beliebtesten Motive für Fotografen. Der Platz wird durch eine dorische Säulenhalle getragen. Bitte beachte, dass dein Ticket an eine Uhrzeit gebunden ist. Kauf es also im Voraus und wähle die für dich passende Zeit.
Carrer d'Olot, www.parkguell.barcelona, tgl. 8.00–21.00 Uhr, Eintritt 10 €, Metro L3 Lesseps

④ Mitten im Park Güell steht das **Museu Gaudí**. Obwohl die Gartenstadt als Wohnviertel geplant war, wurden gerade einmal zwei Häuser darin gebaut. In eines davon zog Antoni Gaudí selbst ein. Heute ist darin ein Museum untergebracht, in dem man unter anderem Zeichnungen und Möbel des katalanischen Modernisten bewundern kann. Einige Räume sind im ursprünglichen Stil erhalten geblieben. Das Museum liegt außerhalb des Bereichs von Park Güell, für den man Eintritt bezahlen muss.
Carretera del Carmel 23, www.casamuseugaudi.org, April–Sept. tgl. 9.00–20.00, Okt.–März tgl. 10.00–18.00 Uhr, Eintritt 5,50 €, Metro L3 Lesseps

1

3

3

1

⑥ **H2O** ist eine großartige Kunstgalerie, die in dem höher gelegenen Teil Gràcias in einem authentischen modernistischen Gebäude mit Patio aus dem Jahr 1910 untergebracht ist. Sie ist auf moderne Kunst, Design und Fotografie spezialisiert. In der Galerie werden Wechselausstellungen gezeigt. Du kannst auch einen Termin für einen Besuch außerhalb der offiziellen Öffnungszeiten vereinbaren.
Carrer de Verdi 152, www.h2o.es, Mo–Fr 16.00–20.00 Uhr, Eintritt frei, Metro L3 Lesseps

⑦ **Casa Vicens** ist Gaudís erstes Bauwerk. Das Wohnhaus wurde zwischen 1883 und 1888 im Auftrag von Manuel Vicens erbaut. Die Architektur ist ein Sammelsurium verschiedener Stile, wobei der traditionelle spanische Stil und die arabischen Einflüsse am stärksten ins Auge fallen. Die unzähligen bunten Keramikfliesen waren zum Teil von den orangefarbenen Tagetes inspiriert, die auf dem Baugrund wuchsen. Das Bauwerk steht seit 2005 auf der Weltkulturerbeliste der UNESCO.
Carrer de les Carolines 18–24, www.casavicens.org, tgl. 9.30–14.30 Uhr, Preis 16 €, Metro L3 Fontana

㉕ Die **Plaça de la Vila de Gràcia** ist das gemütliche Herz des Viertels. Hier befinden sich das Bezirksrathaus sowie der berühmte Glockenturm aus dem 19. Jahrhundert, der auch unter dem Namen „La Marieta" bekannt ist. Der Legende nach soll eine Anwohnerin während eines fünf Tage andauernden Aufstands im Viertel die Glocke von ihrer Dachterrasse aus ohne Unterlass geläutet haben. Der rebellische Bezirk wurde sogar bombardiert, um die Glocke zum Schweigen zu bringen. Genieße auf einer der Terrassen eine Tasse Kaffee.
Plaça de la Vila de Gàcia, Metro L3, L5 Diagonal, L3 Fontana

㉝ Das Fünf-Sterne-Hotel **Casa Fuster** ist das Werk des modernistischen Architekten Lluís Domènech i Montaner. Das Gebäude mit seinen rund hundert Zimmern steht auf der Weltkulturerbeliste der UNESCO. Hier gibt es das teuerste Zimmer der Stadt: Eine Übernachtung kann ein paar Tausend Euro kosten! Allerdings steht einem dafür eine komplette Wohnung zur Verfügung. Es gibt auch kleinere und somit kostengünstigere Zimmer. Von der Dachterrasse hat man einen guten Blick auf die Stadt. Im Erdgeschoss befindet sich das Café Vienés.
Passeig de Gràcia 132, www.hotelcasafuster.com, Metro L3, L5 Diagonal

ESSEN & TRINKEN

⑨ Es grenzt an ein Wunder, dass das **Botafumeiro** noch nicht von den Touristenmassen entdeckt wurde. Berühmtheiten wie der spanische König Julio Iglesias oder Woody Allen haben dem unter Einheimischen bekannten galicischen Fischrestaurant schon einen Besuch abgestattet. Das Ambiente ist sehr elegant, der Service professionell und der Fisch fantastisch.

Carrer Gran de Gràcia 81, Tel. 932184230, www.botafumeiro.es, tgl. 13.00–1.00 Uhr, Preis 35 €, Metro L3 Fontana

⑫ **Kibuka** ist im Viertel Gràcia und im Rest der Stadt seit Jahren ein Begriff, wenn es um Sushi geht. Neben den traditionellen Rollen und Sashimi gibt es hier auch exotischere Kombinationen. Auf der Speisekarte stehen auch warme japanische Gerichte.

Carrer de Verdi 64, www.kibuka.com, Tel. 934159217, Di 13.00–16.00 & 19.30–23.30, Fr–Sa 13.00–16.00 & 19.30–24.00 Uhr, Metro L3 Fontana

⑮ Das katalanische Wort für Wein lautet *ví*, die **Viblioteca** ist also eine Weinbar, in der man Wein probieren und kaufen kann. Die Eigentümer sind Sommeliers und haben hier eine Selektion von etwa 150 Weinen aus Spanien. Die Weinkarte wird alle zwei Wochen angepasst. Du bekommst auch ein Stück Käse zum Wein oder größere Gerichte wie Salate und hausgemachte Quiches.

Carrer de Vallfogona 12, Tel. 932844202, www.viblioteca.com, tgl. 19.00–24.00 Uhr, Preis 10 €, Metro L3 Fontana

⑰ Latin Vibes, hervorragende Mojitos, Daiquiris und Latin Streetfood – etwa venezolanische *arepas* und Nachos – bekommst du im **Rabipelao**, einem geselligen Esscafé, in dem man auch sehr gut brunchen kann. Warum sich ein Besuch hier lohnt? Kitschige Tapeten, prächtige Mosaikböden, Marmortische und last but not least ein einfacher, aber feiner Patio, um draußen zu sitzen.

Carrer del Torrent d'en Vidalet 22, Tel. 931825035, www.elrabipelao.com, Mo–Fr 19.00–24.00, Sa–So 13.00–24.00 Uhr, Preis 10 €, Metro L4 Joanic

17

21

17

27

26

28

34

⑱ In der Weinbar **La Graciosa** servieren die Weinliebhaber Debora und Gianluca nur traditionell hergestellte und ökologische Weine von kleinen Weingütern. Wähle eine Flasche von der schönen Getränkekarte. So weißt du genau, was die Flasche kostet. Man erklärt dir gern genau, was du gerade trinkst.
Carrer de Milà i Fontanals 88, Tel. 936637997, Mo–Sa 18.00–0.30 Uhr, Preis 10 €, U-Bahn L3 Font

⑲ **El 68** ist eine etwas lautere Tapasbar, in der man zu guten Preisen prima essen kann. Auf der Karte stehen Gerichte, die ein klein wenig anders sind als in den typischen spanischen Tapasbars, etwa Hummus aus Tomaten und Koriander oder gefüllte Kartoffeln. Auch die Weine sind von ausgesuchter Qualität.
Carrer Milà i Fontanals 68, Tel. 9319240, Di–Fr 17.00–1.00, Sa–So 12.00–1.00 Uhr, Preis 6 €, Metro L4 Joanic

⑳ Die Tapas-Bar **Raspall** ist bei den Einheimischen sehr beliebt, und das aus gutem Grund. Dieser gemütliche, informelle Ort ist ideal für einen Snack und ein Bier. Es ist oft überfüllt und ganz normal, im Stehen zu essen und zu trinken. Auf der Speisekarte stehen eher traditionelle Tapas-Gerichte.
Carrer Samsó 8, Tel. 636053077, Mo–Do 17.00–1.00, Fr–So 13.00–1.00 Uhr, Preis 8 € (Snack und Getränk), Metro L4 Joanic

㉑ Dieses zu 100 Prozent glutenfreie Restaurant ist nicht nur eine Empfehlung für Menschen mit Glutenallergie. **Messié Pizza** beweist, dass man auch ohne Gluten herrlich essen kann. Hier werden vor allem Pizza und Pasta serviert, aber auch Salate stehen auf der Speisekarte. Das Lokal hat ein modernes Ambiente und eignet sich besonders für Familien mit Kindern.
Carrer de Siracusa 15, Tel. 931195605, www.messiepizza.es, tgl. 12.00–23.30 Uhr, Preis 10 €, Metro L3 Fontana

㉓ In dem kleinen zwanglosen Restaurant **Extra Bar** kannst du für wenig Geld die leckersten mediterran-asiatischen Gerichte an der Bar essen, etwa Tintenfisch-Tacos mit Sobrasada (mallorquinische Wurst) und Limette oder Champignons mit Thai-Curry. Es ist hier durchaus üblich, alles zu teilen.
Carrer del Torrent de l'Olla 79, Tel. 938324869, Di–Fr 18.00–24.00, Sa 12.00–15.30 & 19.00–24.00 Uhr, Metro L3 Fontana

㉖ Sei frühzeitig in der traditionellen Tapas-Bar **Can Codina**, denn sie ist bei den Einheimischen sehr beliebt, um nach der Arbeit ein Bier und einen Snack zu genießen. Im etwas altmodischen Ambiente mit Marmortischen werden köstliche spanische Klassiker serviert. Selbst gemacht, natürlich. Koste unbedingt den Husarensalat und die Riesengarnelen.

Carrer del Torrent de l'Olla 20, www.cancodina-barcelona.com, Tel. 935161584, tgl. 12.00–24.00 Uhr, Preis 11,30 €, Metro L3 Fontana

㉗ Das **Gut** eignet sich perfekt für ein romantisches Date. Sowohl beim Mittag- als auch beim Abendessen könnt ihr euch von besonderen *platos* (Gerichten) überraschen lassen. Der Koch achtet nicht nur auf eine besondere Kombination von Aromen, auch Textur und Konsistenz der Speisen werden von ihm geschickt variiert. Auf der Speisekarte stehen vor allem Fusionsgerichte.

Carrer del Perill 13, www.restaurantgut.com, Tel. 931866360, Mo–Do 13.00–16.00 und 19.30–23.30, Fr, Sa 13.00–16.00 und 19.30–23.30, So 13.00–16.00 Uhr, Preis 14 €, Metro L3, L5 Diagonal

㉘ Im charmanten **Bicioci Bike Café** steht das Fahrrad im Mittelpunkt. Das erkennt man sofort an der Dekoration. Hier bist du richtig, um lecker zu frühstücken oder um Pizza, Quiche, Suppe oder andere einfache Gerichte mit italienischem Einschlag zu essen. Beliebt bei Locals und *digital nomads*.

Carrer de Venus 1, Tel. 934582044, www.bicioci.com, Mo–Fr 8.00–17.00, Sa 10.00–17.00 Uhr, Preis 5 €, Metro L3, L5 Diagonal

㉚ Im **La Pepita** kannst du die kulinarische, trendige Variante der traditionellen spanischen Tapas genießen. Die Preise für das Essen sind etwas hoch, aber die Atmosphäre ist immer gut und das Personal sehr freundlich. Der Name La Pepita bezieht sich auf die weibliche Version des beliebten spanischen Sandwichs El Pepito, das mit Rindfleisch gefüllt und natürlich auch hier erhältlich ist.

Carrer de Còrsega 343, www.lapepitabcn.com, Tel. 932384893, tgl. 13.00–16.00 & 19.30–23.30 Uhr, Preis 10 €, Metro L3, L5 Diagonal

㉞ In der angesagten Eisdiele **Parallelo** wird täglich frisches Eis aus ökologischen Zutaten zubereitet. Und was für Eis! Wie wär's mit Avocado, schwarzem Sesam oder Cappuccino? Neben verschiedenen Geschmäckern kann man auch

20

9

29

24
T□□lor-m□de

verschiedene Formen auswählen – im Becher, in der Waffel oder am Stil. Der hübsche Retro-Eiswagen kommt oft auch auf Festivals zum Einsatz.

Carrer de Sèneca 18, www.parallelogelato.com, Tel. 645746903, Mo–Do 13.00–21.00, Fr 12.00–22.00, Sa–So 12.00–22.00 Uhr, Preis 4 €, Metro L3, L5 Diagonal

SHOPPEN

⑧ Der **Mercat de la Llibertat** auf dem gleichnamigen Platz ist eine von zwei Markthallen in Gràcia. Der Markt ist klein, aber fein, die Produkte zu 100 Prozent regional. Die Anwohner kommen hierher, um frische Lebensmittel zu kaufen oder um rund um den Markt eine Tasse Kaffee zu trinken.

Plaça de la Llibertat 27, www.mercatllibertat.com, Mo–Fr 8.00–20.30, Sa 8.00–15.00 Uhr, Metro L3 Fontana

⑩ **Olokuti** wirkt auf den ersten Blick wie ein richtiger Hippieladen. In den unterschiedlichen Räumen sind Sachen aus den verschiedensten Ecken der Welt ausgestellt, etwa Kinderbekleidung, Bücher, Filme, Musik, Wohnaccessoires und Körperpflegeprodukte. Lass dir den Patio nicht entgehen: Hier gibt es Tee und Fruchtsäfte, im Sommer werden Filmabende und Konzerte veranstaltet.

Carrer d'Astúries 38, www.olokuti.com, tgl. 10.30–15.00 & 16.00–20.00 Uhr, Metro L3 Fontana

⑪ **Japamala & Friends** ist die richtige Adresse für Basics, schicke Kleider und schöne Prints. Alles, was du hier anprobierst, ist bequem und von bester Qualität. Die Eigentümerin Mirta arbeitet nur mit lokalen Designern zusammen. Ein tolles Geschäft für alle, die es bequem mögen und gern bewusst einkaufen.

Carrer del Torrent de l'Olla 143, japamalaandfriends.com, Mo–Fr 11.00–14.00 Uhr & 17.00–20.00 Uhr, Metro L3 Fontana

⑭ Im **The VOS Shop** hängen urbane und informelle Kleidungsstücke für sie und ihn. Die meisten davon stammen von lokalen Labels. Der geräumige Laden ist schön eingerichtet, mit vielen Holzarbeiten und Verweisen auf die Filmwelt. Du findest hier auch Lederwaren, Schuhe und Schmuck. Absolut bezahlbar.

Carrer de Verdi 24, www.thevosshop.com, Mo–Sa 11.00–14.00 & 17.00–20.00 Uhr, Metro L3 Fontana

⑯ **El Diluvio Universal** ist Geschäft, Galerie und Atelier in einem. Der Grafiker Xavier Labrador und die Illustratorin Elisa Munsó haben beide hier ihren Arbeitsplatz. Neben ihren eigenen Drucken verkaufen sie auch Werke anderer Kreativer und es gibt Wechselausstellungen.

Carrer de les Guilleries 2, www.eldiluviouniversal.com, Di 17.00–20.00 Uhr, Metro L3 Fontana

㉒ Bei **Mundo de Hamacas** findest du Hängematten in allen Formen und Größen und aus allen Teilen der Welt. Vom Hängesessel bis zur Schlafhängematte mit verschiedenen Mustern, Farben und Drucken. Ein Laden zum Träumen!

Travessera de Gràcia 180, www.mundodehamacas.es, Mo–Sa 10.30–14.30 & 17.00–20,00 Uhr, Metro L3 Fontana

㉔ Im Schmuckgeschäft **Locura Cotidiana** finden Sie handgefertigten Schmuck aus Silber und anderen Materialien. Die Kollektion ist verspielt und elegant, mit vielen organischen Formen und wird vollständig in Barcelona hergestellt.

Travessera de Gràcia 129, locuracotidiana.com/en, Mo & Sa 11.00–20.30, Fr 10.00–20.30 Uhr, Metro L3 Fontana

㉙ **Casa Atlântica** ist ein kleines Einrichtungshaus mit einer eigenen Keramiklinie und anderen nachhaltig hergestellten Artikeln, zum Beispiel Teppichen, Lampen und Dekoelementen. Alle Objekte werden in Spanien und Portugal gefertigt und besitzen eine mediterrane Ausstrahlung. Casa Atlântica ist übrigens ein Laden, in dem du richtig schöne Geschenke findest. Es werden auch Workshops veranstaltet.

Carrer de la Llibertat 7, www.casaatlantica.es, Mo–Fr 12.00–20.00 Uhr, Metro L3, L5 Diagonal

㉛ Bei **Boo** findest du neue Klamotten im Vintagelook. Für Frauen gibt es vor allem Kleider, Blusen und Röcke, für Männer hängen hier unter anderem T-Shirts, Langarmshirts und Oberhemden an den Ständern. Die Einrichtung des Ladens spiegelt den Stil der Kleidungsstücke: Zahlreiche Vintageobjekte sowie eine große Sammlung von Hirschen sind zu bestaunen.

Carrer de Bonavista 2, www.boobcn.com, Mo–Fr 11.00–20.30, Sa 11.00–15.00 und 16.30–20.30 Uhr, Metro L3, L5 Diagonal

32
SUENOS NEGROS
new season

31

10

2
Amazing views!

2

(32) **Sune by Sueños Negros** ist ein Muss für Shopaholics und jeden, der Mode und Sneaker liebt. Der schöne Laden liegt in der Nähe des Hotels Casa Fuster und ist ein echter Eyecatcher. Hier findest du trendige Sportschuhe von Marken wie Nike, Reebok und Vans (vor allem einzigartige und sehr hippe Exemplare) und Kleidung von American Vintage, Alpha Industries und Levis. Es gibt aber auch Socken, Sonnenbrillen, Accessoires und Badebekleidung. Großartig sind auch die Büroutensilien der dänischen Marke Norma Copenhagen.

Passeig de Gràcia 118, www.suneonline.com, Mo–Sa 10.00–21.00 Uhr, Metro L3, L5 Diagonal

FREIZEITTIPPS

(2) Den wahrscheinlich allerbesten Ausblick auf die Stadt hat man auf dem Berg **Turó de la Rovira**. Von den Bunkern, die aus dem Spanischen Bürgerkrieg (1936–1939) stammen, hast du einen 360-Grad-Rundblick über die Stadt und kannst sogar die Vorstädte Barcelonas erkennen. Empfehlenswert sowohl für Sonnenauf- wie auch für Sonnenuntergang. Beachte aber, dass du erst einen ziemlich steilen Anstieg überwinden musst, um die Bunker zu erreichen.

Mirador Turó de la Rovira, Bus 28, letzte Haltestelle

(5) Wer vom Park Güell in Richtung Stadt läuft, kommt automatisch am **Gaudí Experience** vorbei, einem Zentrum, das dem Modernisten Barcelonas gewidmet ist. Ein kurzer 4-D-Film nimmt dich mit in die Welt des Architekten Antoni Gaudí und seiner Ideen. Schau zu, hör zu, fühle und erlebe. Schön für Kinder.

Carrer de Larrard 41, www.gaudiexperiencia.com, April–Sept. tgl. 10.00–19.00, Okt.–März tgl. 10.30–18.00 Uhr, Preis 9 €, Metro L3 Lesseps

(13) Filme in der Originalsprache sind in Barcelona nicht immer üblich, aber im **Cines Verdi** gibt es sie. Hier findest du keine großen, kommerziellen Produktionen, dafür aber Klassiker und Arthouse-Filme. Ein schönes Kino für einen unterhaltsamen Abend.

Carrer de Verdi 32, www.cines-verdi.com, tgl. 11.30–13.30 & 15.30–23.45 Uhr, Preis 8 €, Metro L3 Fontana

WAS ES SONST NOCH GIBT

Wenn du den in diesem Buch beschriebenen Touren folgst, kommst du an einer Menge Sehenswürdigkeiten vorbei. Doch gibt es sicher Orte, die nicht in den Spaziergängen enthalten sind und einen Besuch lohnen. Diese sind hier kurz aufgeführt. Achtung: Manche sind vom Zentrum aus schlecht zu Fuß zu erreichen, doch mit dem öffentlichen Nahverkehr gelangst du gut dorthin.

Ⓐ Der Berg **Montjuïc** bildet die südliche Grenze Barcelonas. Hier kannst du in den Gärten spazieren gehen, gut essen, den Ausblick auf die Stadt genießen und Museen besuchen. Anlässlich der Olympischen Spiele von 1992 bekam der Montjuïc ein Olympisches Stadion und Schwimmbad sowie den Themenpark Poble Espanyol. In diesem Freilichtmuseum stehen Repliken charakteristischer Gebäude aus ganz Spanien. Ganz oben auf dem Berg befindet sich das Castell de Montjuïc. Im Sommer wird hier die Sala de Montjuïc veranstaltet: ein Freiluftkino direkt auf dem Hügel. Tipp: Nimm ein Picknick mit und genieße einen schönen Film.
Montjuïc, Metro L3, L4 Espanya, rote Route des Bus Turístic, Telefèric ab Barceloneta oder WTC

Ⓑ Am Fuße des Montjuïc liegt das Ausstellungszentrum **CaixaForum**, das in einer ehemaligen Textilfabrik untergebracht wurde. Nicht nur das Gebäude an sich ist einen Besuch wert, es gibt auch regelmäßig exzellente Ausstellungen. Geh auch auf die Dachterrasse, die Aussicht ist fantastisch.
Avinguda de Francesc i Guàrdia 6, www.obrasocial.lacaixa.es, tgl. 10.00–20.00, Juli, Aug. Mi bis 23.00 Uhr, Eintritt frei, Ausstellung 6 €, Metro L3, L4 Espanya, Bus 50, rote Route des Bus Turístic

Ⓒ Das Palais, in dem sich derzeit das **Museu Nacional d'Art de Catalunya (MNAC)** befindet, wurde anlässlich der Weltausstellung von 1929 erbaut. Das MNAC bietet einen Überblick über die katalanische Kunst von damals und heute. Die umfassende Sammlung romanischer Fresken bildet den Höhepunkt. Vor dem MNAC steht der Springbrunnen Font Màgica.
Parc de Montjuïc s/n, www.mnac.cat, Mai–Sept. Di–Sa 10.00–20.00, So 10.00–15.00, Okt.–April Di–Sa 10.00–18.00, So 10.00–15.00 Uhr, Eintritt 12 €, Metro L3, L4 Espanya, Bus 50, rote Route des Bus Turístic

F

A

D

A

Ⓓ In der **Fundació Joan Miró** auf dem Berg Montjuïc haben Kunstliebhaber die Gelegenheit, das Oeuvre eines der wichtigsten katalanischen Künstler des 20. Jahrhunderts kennenzulernen. Joan Miró war ein Zeitgenosse Picassos und Dalís. Er experimentierte mit dem Surrealismus, entwickelte aber schließlich seinen eigenen biomorphen, abstrakten Stil. Insbesondere Kinder sind häufig fasziniert von seinen Werken. Perfekt für die ganze Familie!

Parc de Montjuïc s/n, www.fmirobcn.org, Okt.–Juni Mo–Mi & Fr–Sa 10.00–19.00, Do 10.00–21.30, So 10.00–14.30, Juli–Sept. Mo–Mi & Fr–Sa 10.00–20.00 Uhr, Eintritt 13 €, Metro L1, L3 Espanya, Bus 50, rote Route des Bus Turístic

Ⓔ **Camp Nou** ist das größte Fußballstadion Europas und zudem das Heimstadion des legendären FC Barcelona. Es bietet Platz für 98000 Zuschauer, es gibt Ausbaupläne für 20.000 zusätzliche Sitzplätze. Tickets für die Spiele kauft man über die Webseite oder an den Ticketschaltern des Stadions. Du kannst das Stadion und das Clubmuseum auch tagsüber besichtigen.

Avinguda d'Arístedes Maillol, Eingang 7 oder 9, www.fcbarcelona.cat, April–Okt. Mo–Sa 9.30–19.30, Okt.–April Mo–Sa 10.00–18.30, So, Feiertage 10.00–14.30 Uhr, Eintritt 26 € (Museum und Tour), Metro L5, Collblanc

Ⓕ Der höchste Punkt der Serra Collserola, der **Tibidabo**, ist fast überall in der Stadt zu sehen. Hier stehen die Kirche Temple Expiatori del Sagrat Cor und der aus dem Jahr 1901 stammende Vergnügungspark. Woody Allen verwendete den Panoramablick über die Stadt als Kulisse für seinen Film *Vicky Cristina Barcelona*. Der Stadtpark Collserola, die grüne Lunge der Stadt, reicht noch viel weiter als bis Tibidabo. Locals kommen gerne hierher, um spazieren zu gehen, Fahrrad zu fahren oder zu picknicken. Bei der grandiosen Aussicht gibt es wohl keinen besseren Ort, um sich an der frischen Luft von der Stadt zu erholen.

Serra Collserola, FGC 17 Tibidabo / Peu de Funicular / Baixador de Vallvidrera / Les Planes

Ⓖ Der **Torre Bellesguard** ist ein weiteres Glanzstück Antoni Gaudís. Seit dem Jahr 2013 kann er besichtigt werden, wobei die bewohnte Etage für die Öffentlichkeit geschlossen bleibt. Gaudí ließ sich durch das Mittelalter inspirieren, also von der Zeit, in der Katalonien eine wohlhabende Nation war. Besuche die Webseite, um zu sehen, wann die Führungen stattfinden. Im Sommer kannst du hier im Garten bei einem Glas Cava musikalischen Ensembles zuhören.

Carrer de Bellesguard 16–20, www.bellesguardgaudi.com, Nov.–März Di–So 10.00–15.00, April–Okt. Di–So 10.00–19.00 Uhr, Eintritt 9 €, FGC Tibidabo

Ⓗ Das **Museu-Monestir Pedralbes** ist ein ehemaliges Klarissenkloster aus dem 14. Jahrhundert. Es wurde bisher nur spärlich renoviert. Du kannst hier durch die Säulengalerie, den Innenhof und verschiedene Räumlichkeiten schlendern. In der Kapelle von Sant Miquel siehst du noch ein intakt gebliebenes Fresko aus dem Jahr 1346. Die Fundstücke aus dem Heiligtum sind im Museum untergebracht.

Baixada del Monestir 9, www.bcn.cat/monestirpedralbes, April–Sept. Di–Fr 10.00–17.00, Sa 10.00–21.00, So 10.00–20.00, Okt.–März Di–Fr 10.00–14.00, Sa, So 10.00–17.00 Uhr, Eintritt 5 €, So nach 15.00 Uhr gratis, FGC Reina Elisenda

Ⓘ Das Wissenschaftsmuseum **CosmoCaixa** zählt mit Sicherheit zu den schönsten Ausflugszielen für die ganze Familie. Das Gebäude ist ein gutes Beispiel dafür, wie der katalanische Modernisme des 19. Jahrhunderts heute mit moderner Architektur kombiniert wird. Im Inneren findest du eine geologische Wand, einen unterirdischen Regenwald, ein Planetarium und vieles mehr.

Carrer d'Isaac Newton 26, www.obrasocial.lacaixa.es, Di–So 10.00–20.00 Uhr, Eintritt 4 €, FGC Tibidabo

Ⓙ Der **Parc del Laberint d'Horta** ist der älteste Park der Stadt. Er ist unterteilt in einen neoklassischen und einen romantischen Garten, in dem man Skulpturen, Springbrunnen, Wasserfälle und Frösche findet. Früher gehörte der riesige Garten der Familie Desvalls, diese schenkte das Areal jedoch Ende der 1960er-Jahre der Gemeinde. 1971 wurde der Park für die Öffentlichkeit zugänglich. Um die Flora zu schützen, werden nicht mehr als 750 Personen gleichzeitig eingelassen. Das Risiko, lange Schlange stehen zu müssen, ist eher gering, denn hier ist meist weniger los.

Passeig dels Castanyers 1, April–Okt. tgl. 10.00–20.00, Nov.–März tgl. 10.00–19.00 Uhr, Eintritt 3 €, Metro L3 Mundet

Ⓚ Im weniger bekannten Viertel Les Corts liegt der **Palau de Pedralbes**, in dem sich die spanische Königsfamilie zwischen 1919 und 1931 während ihren Besuchen in Barcelona aufhielt. Das Palais war ein Geschenk des katalanischen Unternehmers Eusebi Güell an die Familie, als Dank für seine Ernennung zum Grafen. Warum schlenderst du nicht ein wenig durch die wunderbaren Gärten? Im Sommer gibt es hier Konzerte.

Avinguda Diagonal 686, Dez.–Feb. tgl. 10.00–18.00, März, Nov. tgl. 10.00–19.00, April, Okt. 10.00–20.00, Mai–Sept. 10.00–21.00 Uhr, Eintritt 5 € (erster So im Monat frei), Metro L3 Palau Reial

Ⓛ Der **Cementeri de Montjuïc** ist der Père-Lachaise von Barcelona. Auf dem Friedhof auf dem Montjuïc scheint es, als gäbe es einen Wettbewerb darum, welche Familie das größte Grab bauen lassen würde. Du wirst die eindrucksvollsten Werke in verschiedenen Stilen sehen. Hier sind Mitglieder berühmter, reicher katalanischer Familien begraben, aber es gibt auch Platz für Normalbürger. Die Wege sind so breit, dass Autos und sogar Stadtbusse dort fahren können.

Carrer Mare de Déu de Port 56–58, www.cbsa.cat/cementiri-monjuic, tgl. 8.00–18.00 Uhr, Eintritt frei, Bus 21 oder 107

Sanctus
Sanctus
Sanctus

REGISTER

REGISTER

SHOPPEN

FREIZEITTIPPS

VERKEHR

IN GLEICHER REIHE

ISBN 978-3-7343-2021-7

ISBN 978-3-7343-[illegible]

ISBN 978-3-7343-1878-8

ISBN 978-3-7343-2582-3

Happy time guide – mehr als ein Reiseführer!

Der happy time guide nimmt dich mit auf unterschiedliche Spaziergänge, auf denen du die Stadt in deinem eigenen Tempo entdeckst und den Lebensstil der Locals kennenlernst. Und das alles, ohne dich vorbereiten zu müssen! Alle Adressen sind persönliche Empfehlungen der Autoren, die in der Stadt leben. Mit inspirierenden Bildern und praktischen Ausklappkarten.

ERSCHIENEN

ISBN 978-3-7343-2581-6

ISBN 978-3-7343-2576-2

ISBN 978-3-7343-2580-9

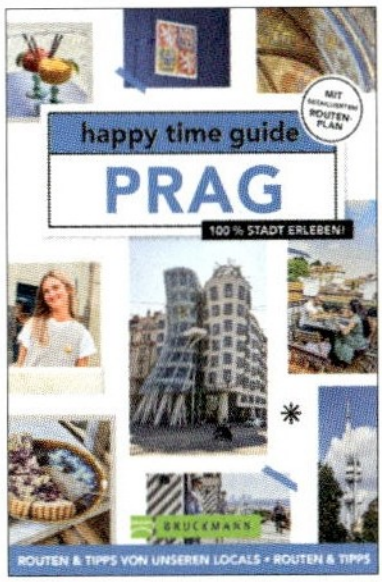

ISBN 978-3-7343-2579-3

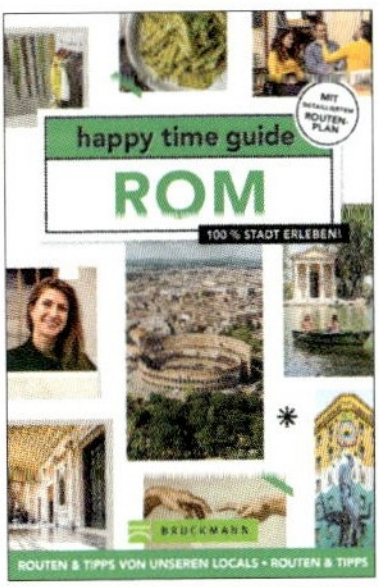

ISBN 978-3-7343-2578-6

ISBN 978-3-7343-2577-9

IMPRESSUM

This edition is published by Bruckmann Verlag GmbH
in cooperation with »time to momo«.
Autorin: Annebeth Vis
Fotos: Vincent van den Hoogen, David in den Bosch, Ilse Ouwens, Duncan de Fey
Layout: Studio 100%, Oranje Vormgevers
Kartografie: Van Oort redactie en kartografie
Repro: Marcel Beijnsberger

DEUTSCHE AUSGABE

Verantwortlich: Claudia Hohdorf
Übersetzung: Gaby van Dam
Redaktion: Anne Köhler
Korrektorat: Viola Siegemund,
Christiane Gsänger
Satz: Silke Schüler
Repro: LUDWIG:media
Herstellung: Alexander Knoll
Printed in Slovenia by Florjancic

ISBN 978-3-7343-1879-5

★★★★★

Sind Sie mit diesem Titel zufrieden? Dann würden wir uns über Ihre Weiterempfehlung freuen. Erzählen Sie es im Freundeskreis, berichten Sie Ihrem Buchhändler, oder bewerten Sie bei Onlinekauf. Und wenn Sie Kritik, Korrekturen, Aktualisierungen haben, freuen wir uns über Ihre Nachricht an Bruckmann Verlag, Postfach 40 02 09, D-80702 München oder per E-Mail an lektorat@verlagshaus.de.

Unser komplettes Programm finden Sie unter www.geramond.de

In diesem Buch wird aus Gründen der besseren Lesbarkeit das generische Maskulinum verwendet. Weibliche und anderweitige Geschlechteridentitäten sind dabei ausdrücklich mitgemeint, soweit es für die Aussage erforderlich ist.

Die Deutsche Nationalbibliothek verzeichnet diese Publikation in der Deutschen Nationalbibliografie; detaillierte bibliografische Daten sind im Internet über http://dnb.d-nb.de abrufbar.